FOME
COMO ENFRENTAR A MAIOR DAS VIOLÊNCIAS

Camilo Vannuchi e Simone de Camargo

FOME
Como enfrentar a maior das violências

Discurso Direto
—editora—

Copyright © 2022 Camilo Vannuchi e Simone de Camargo

Grafia atualizada segundo o Acordo Ortográfico da Língua Portuguesa de 1990, que entrou em vigor no Brasil em 2009.

Capa e projeto gráfico: Camilo Vannuchi/Discurso Direto

Fotos das capas: Shutterstock ("Fome") e Célio Alves Ribeiro ("A Terra é plena")

Texto adicional: Dorian Vaz

Fotografias: João Paulo Guimarães, Sérgio Silva, Célio Alves Ribeiro, Ylder Silva, Daniel Kfouri, Rogério Assis, Jonas de Souza Santos, Wellington Lenon, Organização Caianas e Associação Agrodóia

Esta obra foi composta nas fontes Minion e Hirogino Kaku Gothic e impressa em papel couché fosco 115 g/m² pela gráfica Ipsis para a Editora Discurso Direto, em outubro de 2022.

Dados Internacionais de Catalogação na Publicação (CIP)
(Câmara Brasileira do Livro, SP, Brasil)

Vannuchi, Camilo
  Fome : como enfrentar a maior das violências ; A Terra é plena : como alimentar o mundo e cuidar do planeta / Camilo Vannuchi e Simone de Camargo. -- 1. ed. -- São Paulo, SP : Editora Discurso Direto, 2022.

  "Obras publicadas juntas em sentido inverso."
  Bibliografia.
  ISBN 978-65-998542-0-0

  1. Agricultura 2. Agroecologia 3. Alimentação - Aspectos sociais 4. Fotografias 5. Fome - Brasil 6. Política agrícola 7. Segurança alimentar I. Camargo, Simone de. II. Título. III. Título: A Terra é plena : como alimentar o mundo e cuidar do planeta.

22-124982   CDD-300

Índices para catálogo sistemático:

1. Ciências sociais   300

Eliete Marques da Silva - Bibliotecária - CRB-8/9380

[2022]
Todos os direitos desta edição reservados a
Discurso Direto Ensino e Comunicação
discursodiretocomunicacao@gmail.com

A fome tem que ter raiva
pra interromper.

Aldir Blanc (1946-2020)

Como e por que ler este livro

Este livro é resultado de um esforço para registrar os efeitos da pior de todas as agressões, num momento em que o Brasil vive uma escalada inédita da fome e da extrema pobreza. Os fatos, os números, as imagens e os relatos aqui publicados foram reunidos entre novembro de 2021 e outubro de 2022. Duas décadas após o Fome Zero e trinta anos após a Ação da Cidadania Contra a Fome, a Miséria e pela Vida, a presente edição encontra um país em frangalhos e se propõe a contribuir para a construção de uma nova política agrícola e de segurança alimentar, que volte a colocar os mais pobres no orçamento e que seja, desde a origem, solidária, justa, restaurativa, diversa e sustentável.

Este livro também é resultado da obsessão dos autores em indicar alternativas ao modelo econômico vigente e, sobretudo, ao sistema agrícola hegemônico no país. Em muitos aspectos, eles têm sido responsáveis por intensificar o problema da fome e por boicotar a construção de um futuro com dignidade social e cooperação com o meio ambiente. Assim, buscamos apresentar caminhos que percorrem o resgate da agricultura ancestral, a mobilização popular por alimentação adequada, a defesa de um projeto coletivo capaz de promover uma agricultura familiar saudável, nutritiva e economicamente viável, bem como estimular a produção agroecológica de comida, principalmente em agroflorestas. Um desafio nos move: como enfrentar a fome sem destruir o planeta?

Este livro foi concebido em duas partes distintas, mas conectadas, uma com foco no problema e a outra, nas soluções. Cada parte ganhou um título e uma capa. Nossa sugestão é que você conheça a fome antes de descobrir a abundância. Mas o leitor e a leitora são soberanos na escolha – como deve ser todo e qualquer cidadão na hora de se alimentar.

Os autores

Sumário

Fome

À mesa com os urubus   13
Garimpo de ossos   27
No olho da rua   35
Fome e sede de justiça   51
Tem gente com fome   59
O agro não é pop   77
Fome Zero, dois ponto zero   97
Guaribas resiste   127

FOTOS: SÉRGIO SILVA

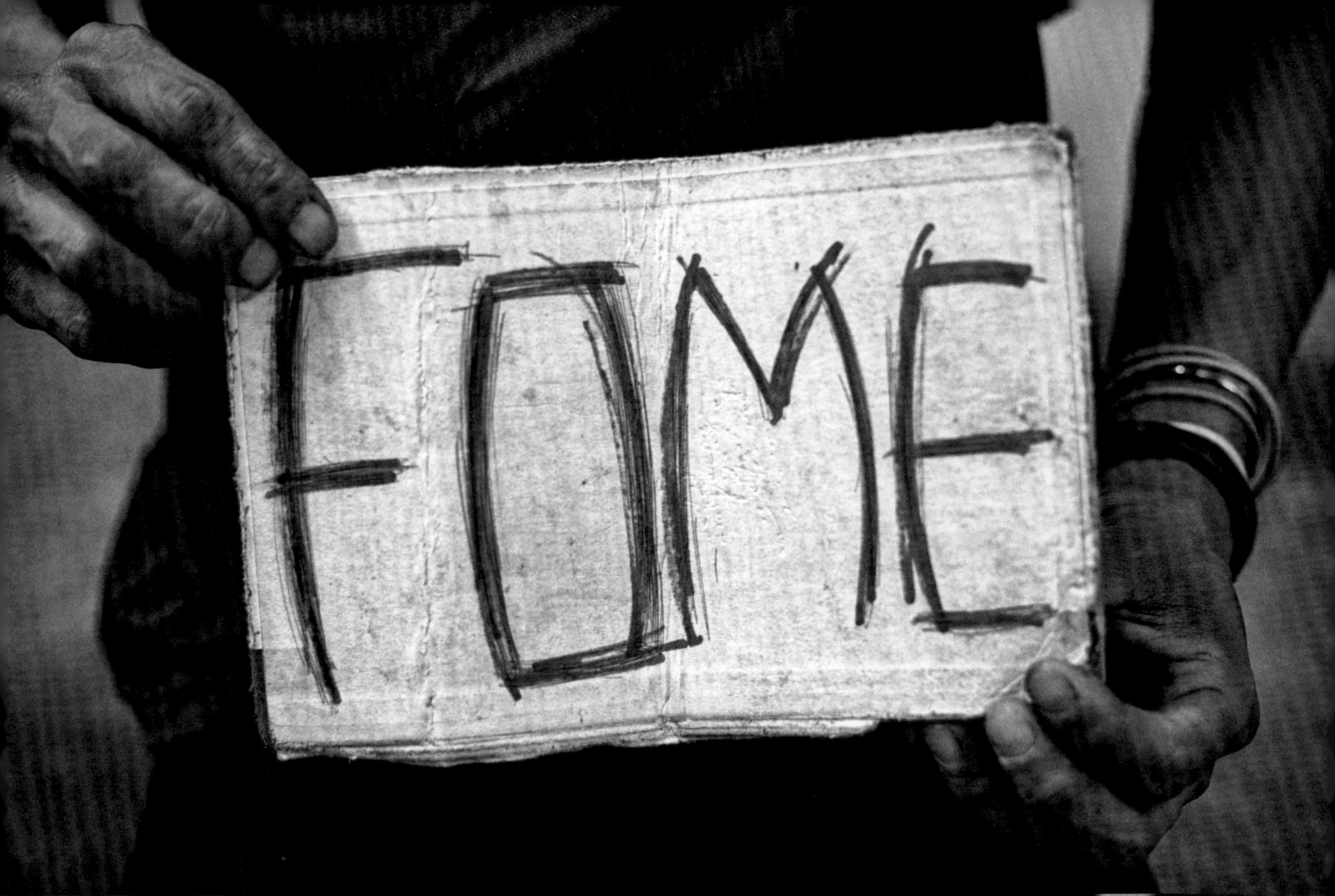
FOME

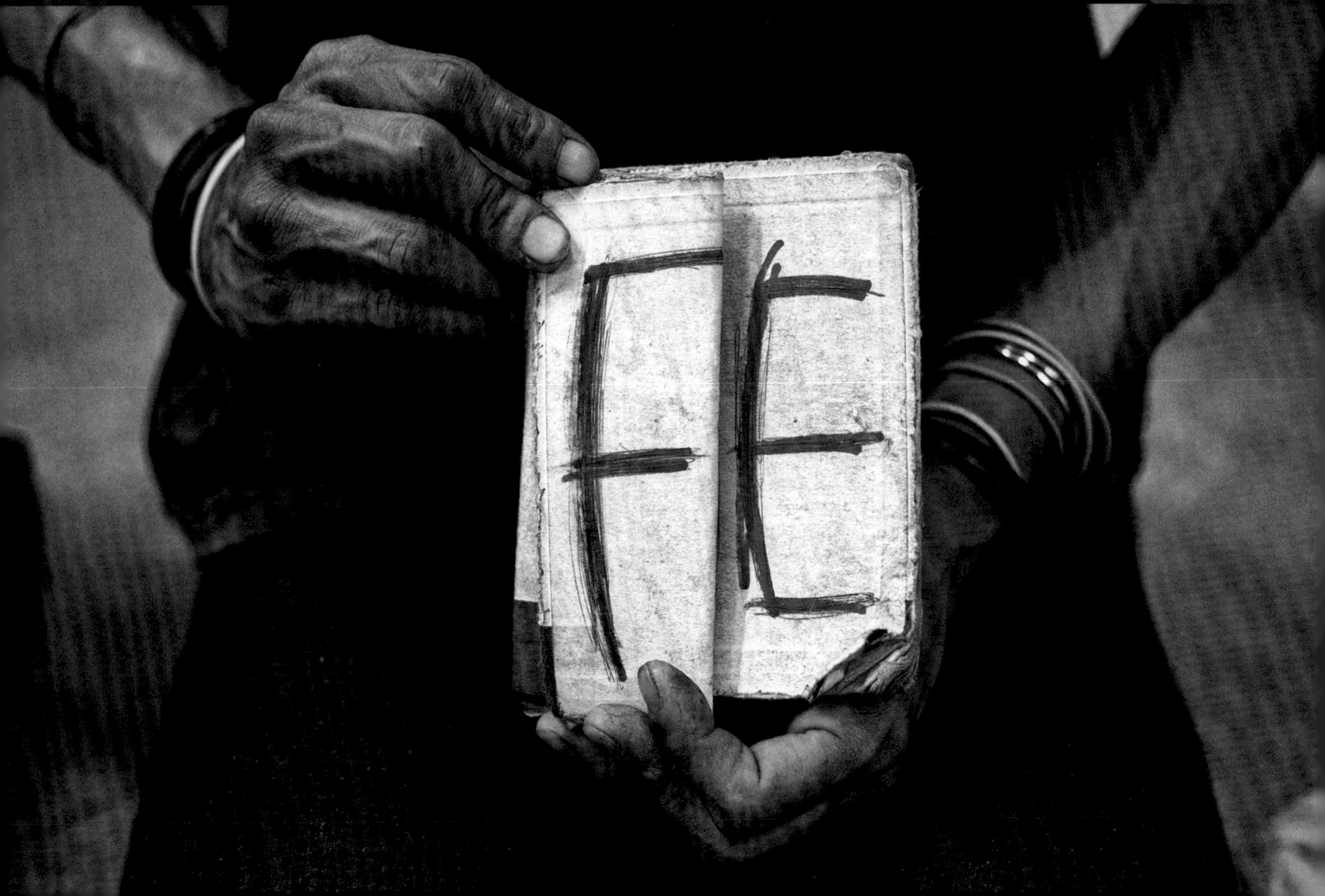
FE

> Vi ontem um bicho
> Na imundície do pátio
> Catando comida entre os detritos.
>
> Quando achava alguma coisa,
> Não examinava nem cheirava:
> Engolia com voracidade.
>
> O bicho não era um cão,
> Não era um gato,
> Não era um rato.
>
> O bicho, meu Deus, era um homem.

Manuel Bandeira, 1947

À mesa com os urubus

Fotos: **João Paulo Guimarães**

Gabriel procura latinhas. Magro, sem camisa, o corpo suado sob um sol de 40 graus, Gabriel tem 12 anos e procura latinhas sobre monturos, num lixão a céu aberto. Ali, onde caminhões coletores despejam o que a cidade desprezou, Gabriel procura latinhas ou outros materiais recicláveis que possa vender. Ele também vasculha ao redor em busca de roupas que possa vestir – e algo que possa comer.

Gabriel tem 12 anos e quase nada no estômago. A seu lado, um urubu também vasculha os monturos. E outro, e mais outro. São centenas. Os urubus não se interessam por materiais recicláveis. Mas disputam restos de comida com Gabriel e sua família.

Cerca de trezentas famílias tiram seu sustento daquele lixão. Famílias humanas, porque as famílias de urubus não se podem numerar. Gabriel, as trezentas famílias humanas e as centenas de urubus vivem do que encontram no lixão da Piçarreira, uma aberração ambiental e política instalada sem qualquer proteção contra contaminação do solo e dos leçóis freáticos na zona rural de Pinheiro, município com 83 mil habitantes no interior do Maranhão.

Cerca de 300 famílias tiram seu sustento do lixão da Piçarreira, em Pinheiro, no Maranhão, cidade natal do ex-presidente Sarney. Os restos de comida são disputados com os urubus

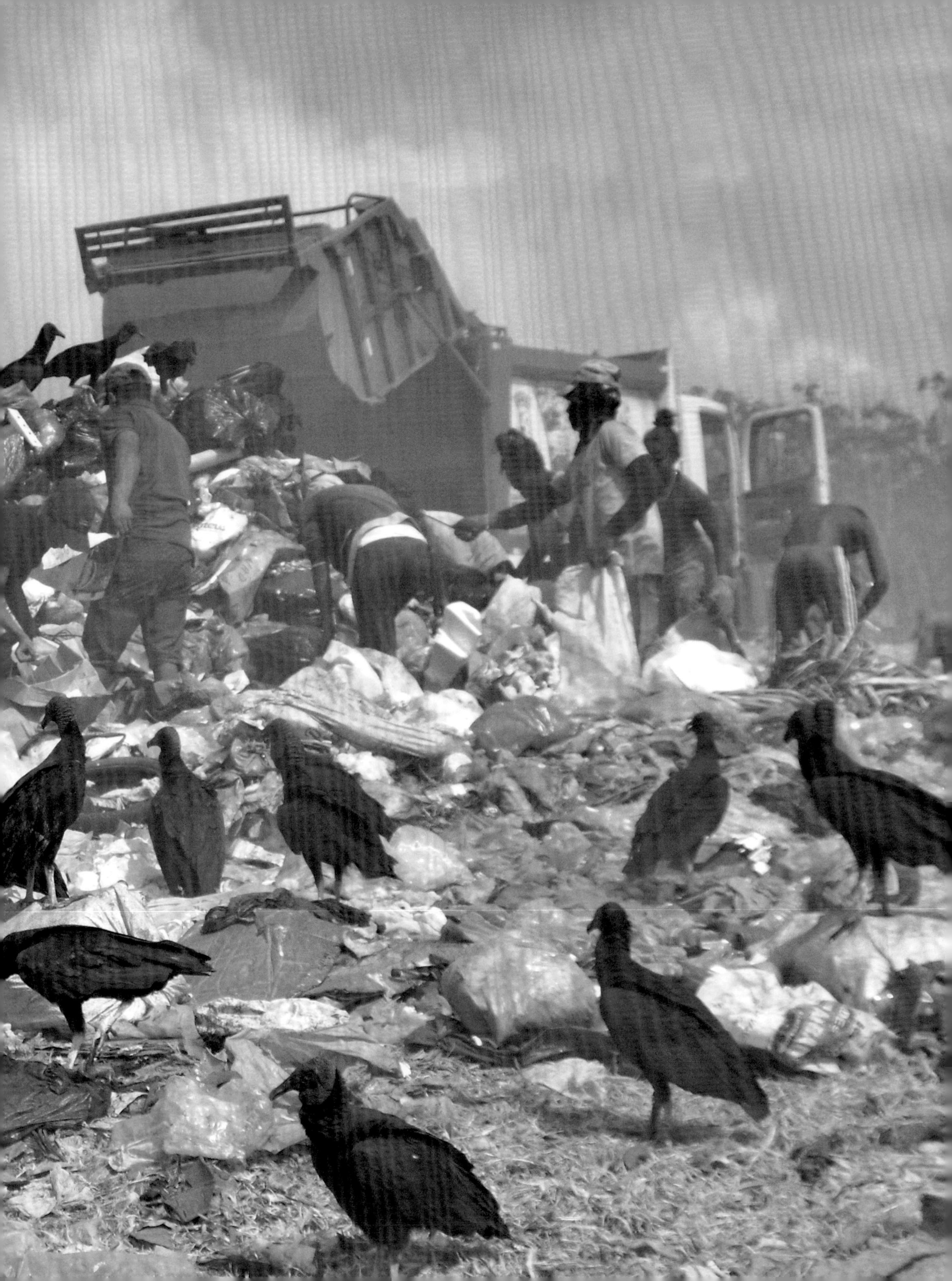

O lixão da Piçarreira fica a 120 quilômetros de São Luís. Para chegar à capital do Estado, é preciso rodar 80 quilômetros até o porto do Cujupe, em Alcântara, e cruzar de *ferry-boat* os 20 quilômetros da Baía de São Marcos.

Ferry-boat: palavra estranha, que poderia ser facilmente traduzida por balsa ou chata, sem prejuízo nenhum, mas que o poder público e a iniciativa privada preferem deixar como está. Numa região que já foi povoada por tupinambás, portugueses, franceses e holandeses, a embarcação que faz a travessia para São Luís atende por um nome estrangeiro. O tal *ferry-boat* liga o porto do Cujupe ao terminal da Ponta da Espera.

Gabriel não espera. Tampouco toma o *ferry-boat* rumo a São Luís. Seu mundo é aquele lixão, em Pinheiro, onde trabalha, procurando latinhas para vender.

Gabriel conhece pouco além de Pinheiro. Pinheiro é sua aldeia. O rio que corre pela sua aldeia é o Pericumã. Vasto, caudaloso, o Pericumã permite que muita gente em Pinheiro viva da pesca, principal atividade econômica no município. Ou sobreviva dela. Algumas empresas, bem poucas, ganham dinheiro com ela. Gabriel não ganha dinheiro, apenas defende algum trocado catando e vendendo latinhas, ali mesmo, em Pinheiro, cidade que os políticos locais apelidaram de "a Princesa da Baixada Maranhense".

Quem também nasceu em Pinheiro, oitenta anos antes de Gabriel, foi José Ribamar Ferreira de Araújo Costa. José Ribamar não frequentou o lixão nem jamais procurou comida. Filho de um desembargador, ele tinha 12 anos, a idade de Gabriel, quando seu pai o matriculou no Liceu Maranhense, tradicional colégio de São Luís, já centenário nos anos 1940, também conhecido como "Palácio da Educação".

José Ribamar assistia às aulas num palácio e, obviamente, calçava sapatos. Se, porventura, chegasse à escola descalço ou com as sandálias de Gabriel, seria proibido de entrar. Anos depois, José Ribamar formou-se em Direito e trocou de nome para José Sarney.

Sarney tinha 35 anos de idade quando foi eleito governador do Maranhão e 54 quando assumiu a Presidência da República, em 1985. Hoje, a prefeitura de Pinheiro fica na Praça José Sarney. Na mesma praça, há um busto em homenagem ao ex-presidente, inaugurado em 1980, quando ele tinha 50 anos e ainda era apenas ex-governador. Aliás, Pinheiro faz divisa com Presidente Sarney, município fundado em 1994 e assim batizado em homenagem ao ex-presidente – apesar de a Constituição Federal de 1988 proibir esse tipo de homenagem em vida.

Desenvolvimento humano

O Maranhão disputa com Alagoas a última posição na maioria dos rankings econômicos e de qualidade de vida elaborados no país. Tinha a pior média de renda e o segundo pior índice de desenvolvimento humano em 2017, comparável ao do Iraque.

O Índice de Desenvolvimento Humano considera não apenas o produto interno bruto ou a renda per capita em cada localidade, mas também critérios socioeconômicos, como grau de escolaridade e acesso à saúde. Foi desenvolvido em 1990 e tem sido utilizado pelas Nações Unidas como forma de avaliar o estágio de desenvolvimento em cada território e os principais problemas a serem enfrentados. Um deles é a fome. A evasão escolar é outra.

Não há pinheiros em Pinheiro. Não do tipo de árvore conífera, do grupo das gimnospermas: aquelas que produzem sementes, mas não dão frutos nem flores. Tampouco é um pinheiro a árvore que aparece no brasão e na bandeira de Pinheiro. Nos símbolos oficiais do município, a espécie que se destaca é uma palmeira de babaçu – esta, sim, abundante no Estado. Pinheiro mesmo, no Brasil, ou são árvores do gênero Pinus, plantadas em grandes monoculturas, ou são as araucárias, nativas das regiões Sudeste e Sul e ameaçadas de extinção pelo desmatamento.

Espírito de Natal

No dia 8 de novembro de 2021, enquanto caçava o que comer no lixão que sustenta trezentas famílias e dezenas de urubus – talvez centenas –, Gabriel desafiou as estatísticas e encontrou um pinheiro em Pinheiro. Notou que havia algo diferente naquele saco de lixo, algo colorido, reluzente. Abaixou, abriu o saco de lixo como quem desembrulha um presente e tirou de dentro dele uma pequena e mal ajambrada árvore de Natal.

O modesto enfeite de plástico, descartado antes da hora por algum morador de Pinheiro em razão de algum defeito incontornável, media dois palmos de altura, não mais do que isso. Seus galhos, arqueados, sustentavam um pisca-pisca mirrado e meia dúzia de bolas coloridas, as poucas que sobreviveram à trépida viagem do caminhão basculante.

Em meio aos urubus, Gabriel sorriu, satisfeito por encontrar aquele presente. O pinheiro não amainaria sua fome naquela tarde, tampouco a sede de Justiça. Mas, naquele instante, fez Gabriel se sentir bem, como se recebesse um carinho ou sentisse na língua o doce sabor da esperança.

Por um momento, Gabriel pôde imaginar um cheiro gostoso, tão diferente do cheiro daquele lugar, e uma cadeira macia. Era um bom sinal. Dali a um mês e meio, talvez houvesse Natal em sua casa.

O fotógrafo paraense João Paulo Guimarães registrou a hora exata em que Gabriel encontrou o pequeno pinheiro de Pinheiro. Chegara de

Aos 12 anos, catando material reciclável, Gabriel encontrou os restos de uma árvore de Natal. A foto correu o mundo

Adriano leva à boca um lanche que acabara de encontrar em meio aos monturos, no descarte que veio de uma padaria. Por ali, tudo se aproveita

Belém um dia antes, após oito horas no ônibus, atraído por um vídeo postado pelo advogado especialista em direitos humanos Diogo Cabral, de São Luís. Nele, o defensor público Fernando Eurico Arruda Filho mostrava o ímpeto com que os catadores da Piçarreira se lançavam na direção dos restos de comida despejados por um caminhão de lixo.

João Paulo decidiu viajar para ver de perto aquela situação. Clicou por um par de horas, o suor umedecendo as mãos, o sol aquecendo o equipamento. Numa das fotos, um moço chamado Adriano leva à boca um lanche que acabara de encontrar, entre pães e sonhos endurecidos, descartados por uma padaria.

Gabriel, que calçou sandálias havaianas somente porque cortara o pé no lixão no dia anterior, apanhou outra espécie de sonho.

— Você gosta de árvore de Natal? — o fotógrafo perguntou ao menino, comovido com a cena que acabara de registrar.

— Gosto. Mas nunca tive uma.

No caminho de volta à cidade, João Paulo intuiu a dura poesia daquela imagem e comentou com o rapaz que pilotava o mototáxi:

— Acho que fiz uma foto que vai correr o mundo.

Enquanto Gabriel procurava comida e material reciclável, editores de portais e agências de notícias procuravam João Paulo. Queriam reproduzir a foto que ele publicara numa rede social. João Paulo também foi procurado por seguidores interessados em ajudar. Acabou criando uma vaquinha online para comprar uma árvore de Natal novinha para o garoto.

Naquela semana, Gabriel ganhou não apenas a árvore, mas também uma cesta básica. Depois outra e mais outras. Em poucas semanas, o valor arrecadado foi suficiente para comprar um modesto imóvel de alvenaria para Gabriel e sua família. Naquele fim de ano, houve Natal em sua casa.

Sobreviventes do lixo

Cerca de 3 mil municípios no Brasil mantêm lixões a céu aberto, como o de Pinheiro, segundo pesquisa realizada em 2020. Isso representa mais da metade dos 5.568 municípios existentes no país. Os lixões não deveriam existir. Uma lei sancionada em 2010 instituiu o Plano Nacional de Resíduos Sólidos, que estabelecia prazo de cinco anos para a total substituição dos lixões por aterros sanitários, controlados e manejados.

No Brasil de 2020, 40% do total de rejeitos sólidos continuavam sendo descartados nos lixões a céu aberto – e alimentando milhares de urubus e famílias como a de Gabriel.

Em junho de 2022, a Justiça de Pinheiro atendeu a uma ação civil pública movida pelo Ministério Público do Estado do Maranhão e condenou a Prefeitura a substituir o lixão por um aterro sanitário, dentro da lei, até agosto de 2023.

A Prefeitura de Caxias, também no Maranhão, sofreu condenação semelhante em 2019. Passados três anos, o lixão a céu aberto continuava a receber cerca de 150 toneladas de rejeitos por dia. Inóspito, insalubre, fétido, perigoso, o lixão desenganado pela Justiça é o que garante a sobrevivência de tantos brasileiros.

O fotógrafo João Paulo visitou o lixão de Caxias em maio de 2022. O cheiro e a paisagem pouco diferiam do lixão de Pinheiro. Os urubus também ciscavam por ali, disputando restos de comida com crianças famintas e mães sem nada para pôr na mesa.

Alex, já trabalhou como cozinheiro em restaurantes de São Paulo. Hoje é catador no lixão de Caxias (MA). Abaixo, com a esposa, ao saber que sua história seria contada

O lixão de Caxias (MA) já deveria ter sido transformado em aterro sanitário. Insalubres e condenados pela Justiça, esses lixões garantem a sobrevivência de milhares de brasileiros

Indiferentes ao chorume e à revoada das moscas, homens e mulheres reviravam monturos em busca de latinhas vazias, embalagens de plástico e caixas de papelão. Um dos catadores era Alex. João Paulo puxou prosa com ele e foi logo acometido pela mesma vertigem que embargou sua voz ao conhecer Gabriel, meses antes.

Aos 36 anos, Alex contou ter nascido em São Paulo e, até pouco tempo antes, trabalhar como cozinheiro numa badalada churrascaria paulistana. Com passagens por duas redes de fast food, uma especializada em pizza e outra em tacos texanos, Alex especializou-se em carnes e em sushis. Conhecedor da arte dos cortes e dos molhos, trabalhou num hotel de luxo onde chegou a servir celebridades da TV e do esporte.

No último emprego, conheceu Maria Francisca, catorze anos mais velha, que vivia num relacionamento abusivo. Engataram um romance e fugiram juntos para Caxias, cidade natal da moça. Ali, tudo o que Francisca conseguiu foi um trabalho informal como cuidadora de idoso que lhe rende um salário mensal de 150 reais. Desempregado, fazendo bicos como pedreiro e azulejista, cada vez mais raros, Alex sobrevive do que consegue garimpar no lixão.

João Paulo fotografou o local de trabalho de Alex e o acompanhou até sua casa, um único cômodo com paredes de taipa-de-mão e telhado de palha, sem energia elétrica nem saneamento básico. Ali, o fotógrafo segredou a Alex seu desejo de contar sua história e, quem sabe, sensibilizar algum dono de restaurante a contratar Alex. Aos prantos, o cozinheiro caiu de joelhos aos pés de Francisca, agradecendo a Deus, confiante.

O caminho é longo, vertiginoso como barriga vazia. E quem tem fome, sabemos, tem pressa. **F**

> A dor te dói pelo avesso,
> perdida nos teus escuros.
> É como alguém que come
> não o pão, mas a fome.

Thiago de Mello, 1965

Garimpo de ossos

Corrientes 348 é o nome de uma cadeia de restaurantes especializada em carnes argentinas que, em 2021, tinha três unidades em São Paulo, duas no Rio de Janeiro e uma em Dallas, no Texas. Fundada por um dos antigos sócios da rede Fogo de Chão, a Corrientes 348 manteve a tradição de servir carne grelhada num ambiente sofisticado – e com ticket médio de mais de R$ 200 por pessoa, merecendo quatro cifrões na classificação da maioria dos guias gastronômicos da cidade.

O mais novo endereço carioca do Corrientes 348 é o restaurante na Marina da Glória, aberto em 2016. Aboletados na área externa com vistas para o convés, como se buscassem reproduzir momentos vividos em Puerto Madero, fregueses acompanham o sobe-desce de aeronaves nas pistas do Santos Dumond e o entra-e-sai de embarcações na marina.

Bem perto dali, no mesmo bairro da Glória, a meio caminho da igreja do Outeiro, José Divino Santos estaciona seu caminhão duas vezes por semana, às terças e quintas, sempre por volta das 10h. Nesses dias, logo cedo, Seu José faz um corre pelos supermercados da Zona Sul

Informação

EXTRA

SEGUNDA EDIÇÃO
RIO DE JANEIRO
QUARTA-FEIRA, 29 DE SETEMBRO DE 2021
ANO XXIV
NÚMERO 9.168

R$ 1,50

BRASIL, 2021

A DOR DA FOME

> "Antes, as pessoas passavam aqui e pediam um pedaço de osso para dar para os cachorros. Hoje, elas imploraram por um pouco de ossada para fazer comida. O meu coração dói."
>
> **JOSÉ DIVINO SANTOS**
> MOTORISTA DO CAMINHÃO DOS OSSOS

Em um país com inflação galopante, desemprego em alta e 19 milhões de brasileiros passando fome, um caminhão carregado de pelanca e osso virou a esperança de famílias inteiras. No Rio, uma fila do desespero é formada no bairro da Glória por moradores de várias regiões, que percorrem quilômetros para levar ao prato esses restos. O material, descartado por mercados e açougues, iria para fábricas de sabão e ração de cachorro. **PÁGINA 3**

FOTO: REPRODUÇÃO/EXTRA

Reportagem publicada no jornal Extra em setembro de 2021 revelou o drama das famílias que dependiam dos ossos descartados por um açougue do Rio de Janeiro

e recolhe as sobras descartadas pelos açougues. Com a carroceria repleta de ossos e retalhos de sebo, sem embalagem nem refrigeração, Seu José estaciona na Glória a fim de oferecer aquele cardápio como doação.

Em setembro de 2021, a distribuição de ossos foi objeto de uma reportagem publicada pelo jornal Extra. Ao jornalista, Seu José declarou que, até recentemente, apareciam duas ou três pessoas por dia para vasculhar os restos transportados no caminhão, normalmente interessadas em levar algum osso para o cachorro. "Hoje forma fila e eles pegam para comerem eles mesmos."

O garimpo de ossos da Glória estampou a primeira página do Extra em 29 de setembro. Ali e na série de reportagens publicadas nos dias seguintes, lemos o relato de Luís Vander, de 39 anos, homem em situação de rua que chega a alimentar dez pessoas com os ossos que pega no caminhão, tudo refogado ali mesmo, na calçada.

Denise Fernandes, por sua vez, voltou para sua casa, em São João do Meriti, com uma sacola de ossos e pelancas com a qual pôde alimentar por dois dias as filhas e os doze netos. Ex-merendeira numa escola de sua cidade, Denise contou ter ganhado alguns legumes numa feira livre e usado a cebola e o alho para refogar a boia. "Com esse alimento, consigo matar a fome dos meus filhos e netos. Olha como ficou bonito", exibiu, orgulhosa.

Oportunidade de mercado

O hábito de garimpar ossos e aparas desprezadas pelos açougues como forma de escapar da fome havia sido flagrado poucos meses antes, em Cuiabá, capital do Mato Grosso, o estado campeão em produção de soja no país. A safra anual no Mato Grosso equivale à soma das safras do Paraná e do Rio Grande do Sul, respectivamente o segun-

Após a reportagem do Extra, supermercados passaram a cobrar pelos ossos, antes descartados: Aqui, por R$ 2,99 o quilo

FOTOS: REPRODUÇÃO

Em poucas semanas, conforme a fome avançava no país, outros subprodutos animais passaram a ocupar as gôndolas, como pele de frango e carcaça de peixe

do e o terceiro colocados na classificação nacional. Não à toa, dos oito deputados federais eleitos no estado em 2018, cinco afirmavam atuar em nome dos interesses do agronegócio. Em 2022, uma das propostas legislativas com maior adesão entre os ruralistas foi a de tirar o Mato Grosso da área conhecida como Amazônia Legal – o que, na prática, livraria os produtores rurais da obrigação de preservar até 80% de suas propriedades, quando cobertas por florestas.

Se não fosse o Mato Grosso, o Brasil não teria se tornado o quarto maior exportador de grãos do mundo. Hoje, o país lidera o ranking mundial de café e o de soja, entre outras monoculturas. O caso da soja é especialmente notável. Em 2021, a safra brasileira bateu o recorde histórico de 139 milhões de toneladas produzidas e também o de 86 milhões de toneladas exportadas. Estima-se que 50% do mercado mundial do grão seja "verde-e-amarelo", motivo de orgulho para produtores, acionistas e setores ligados à cadeia produtiva desse insumo.

Exportada como *commodity*, a vasta produção do Mato Grosso não contribui em nada para aplacar a fome de sua população.

Em Cuiabá ou no Rio de Janeiro, o destino daqueles remanescentes ósseos deixou de ser o descarte ou a ração animal. Viraram mistura e prato principal na mesa de muita gente. Enquanto a soja e o café brasileiros batiam recordes de exportação em 2021, uma legião de famintos encontrava na fila dos ossos a única oportunidade de ingerir alguma proteína, mesmo que em quantidades mínimas.

Logo o capitalismo se impôs. Foi como tirar doce da boca de criança. Antes oferecidos de graça, os ossos se transformaram em mercadoria. Dias após a primeira página do Extra estampar "A dor da fome", donos de supermercado enxergaram uma forma de faturar ainda mais e passaram a embalar os ossos em bandejas de isopor envoltas em filme

Manifestação contra a fome no bairro de Heliópolis, na periferia de São Paulo, em 2021. Chega de comer ossos!

FOTOS: SÉRGIO SILVA

plástico. A iguaria começou a ser vendida em mercados de São Paulo, Rio de Janeiro e outras capitais. R$ 2,99 o quilo, dizia o cartaz numa fotografia que repercutiu nas redes sociais.

A prática fez escola e, em pouco tempo, surgiram as primeiras embalagens de pele de frango e de carcaça de peixe, também subprodutos tradicionalmente destinados ao descarte.

No Brasil da fome, quase nada se perde: tudo se transforma. ▀

> Gente é pra brilhar
> Não pra morrer de fome

Caetano Veloso, 1977

No olho da rua

Fotos: ***Daniel Kfouri e Sérgio Silva***

São Paulo é uma cidade muito rica povoada por muita gente muito pobre. O maior contingente de desabrigados do país vive na capital dos shoppings e dos arranha-céus. Em junho de 2022, pelo menos 42 mil pessoas dormiam nas calçadas e nos albergues de uma cidade que, segundo a prefeitura, oferecia mais de 40 mil apartamentos em mais de mil hotéis. O mais recente deles, um empreendimento de luxo da rede Rosewood inaugurado em janeiro num edifício centenário, praticava diárias de R$ 2.650 a R$ 7.650 e, em um de seus bares, cobrava R$ 45 pela dose mais barata de cachaça e oferecia um cardápio com uísques que podiam custar até R$ 13 mil a garrafa.

Dona de um orçamento recorde de R$ 82,7 bilhões em 2022, 21% maior do que o do ano anterior (que também havia batido recorde), São Paulo viu a população em situação de rua aumentar 31% entre 2019 e 2021, de acordo com o censo municipal, e mais 13% nos primeiros cinco meses de 2022, conforme levantamento feito por pesquisadores da Universidade Federal de Minas Gerais (UFMG), com base nos dados do Cadastro Único para Programas Sociais (CadÚnico).

Os 24 mil sem-teto registrados em São Paulo em 2019 haviam se transformado em 42.240 em 2022, segundo a nova pesquisa: uma multidão. O total de desabrigados, naquele momento, equivalia à soma de toda a população em situação de rua registrada nos municípios que ocupavam as sete posições seguintes no ranking liderado por São Paulo: Rio de Janeiro (10.624), Belo Horizonte (10.241), Brasília (6.339), Salvador (5.561), Fortaleza (4.896), Curitiba (3.020) e Porto Alegre (2.363).

Dessas 42 mil pessoas, nada menos que 5.039 haviam migrado para as ruas nos primeiros cinco meses de 2022, cerca de 12% do total. A cada cem pessoas nessa situação, dezoito disseram aos pesquisadores que estavam nas ruas havia menos de um ano: aquela era, para muitos, uma situação nova, violenta, constrangedora e absolutamente dolorosa.

Em sua maioria, esse novo contingente de sem-teto era composto por pessoas que não puderam resistir à escalada do desemprego, à ausência de políticas públicas e à explosão dos preços dos alimentos após dois anos de pandemia e três anos de governo Bolsonaro. Pessoas que foram sumariamente empurradas para o submundo da mesma cidade pulsante e cosmopolita que, em meados do século passado, o escritor Mário de Andrade chamou de "a grande boca de mil dentes" e a escritora Carolina Maria de Jesus definiu como uma cidade "enferma", "com suas úlceras, as favelas."

Descobrir-se no olho da rua é deparar-se com a precariedade em seu estágio mais avançado. É olhar nos olhos da fome e encarar o imprevisível, o imponderável. Quem tem família arma uma barraca de camping ou improvisa um mocó com papelão e sacos de lixo. Quem não tem converte-se em peregrino: mais um andarilho insólito a enfrentar o frio e a angústia na calçada inerte, sob o viaduto ou o ponto de ônibus, buscando superar a madrugada gelada à espera de um prato de comida e alguma esperança na manhã seguinte.

Já em dezembro de 2021, o censo da população de rua indicava o aumento desconcertante das famílias desabrigadas. Se até 2019 o desabrigado típico era uma pessoa solitária, normalmente homem, convivendo com a dependência química ou outro desajuste de ordem psicossocial, egresso muitas vezes de um ambiente conflagrado e, sobretudo no caso das mulheres, marcado pelo abuso e pela violência doméstica, o biênio 2020-2021 assistiu à ascensão de outro perfil de desabrigado: aquele que chegou à nova situação por ter perdido emprego e renda. Após dois anos de pandemia, esse grupo correspondia a 28,4% das pessoas em situação de rua, fatia que não passava de 20% em 2019.

Vem daí o aumento surpreendente de barracas e malocas espalhadas pela cidade, um salto de 230% nesse tipo de moradia improvisada, passando de 2.051 pontos localizados pelos recenseadores em 2019 para 6.778 em 2021. É esta também a principal razão da proliferação de crianças nesta situação. São pelo menos 1.800 crianças, excluídas da escola e desprovidas dos direitos fundamentais, numa cidade onde a mensalidade de um colégio particular pode ultrapassar R$ 12 mil.

O povo da rua

Na São Paulo da exclusão, um padre tem sido há quase três décadas o principal porta-voz do povo da rua.

Toda manhã, por volta das 7h30, Júlio Lancellotti deixa a igreja São Miguel Arcanjo, na Rua Taquari, e caminha a passos largos entre a Mooca e o Belenzinho, empurrando um carrinho de supermercado com duas grandes caixas de plástico, cheias de pão. Veste sandálias, um jaleco branco e, quase sempre, um avental amarelo com a imagem da baiana Irmã Dulce, a Santa Dulce dos Pobres, canonizada em 2019. A seu lado, meia dúzia de voluntários carregam sacolas ou empurram outros carrinhos, igualmente lotados de comida. São copinhos de água

Padre Júlio Lancellotti, vigário do povo da rua, empurra seu carrinho. Todos os dias, seu grupo leva doações para um café da manhã comunitário

FOTO: DANIEL KFOURI

mineral, caixinhas de achocolatado, pães e biscoitos recebidos como doação ou adquiridos com o dinheiro depositado por apoiadores na conta corrente da paróquia.

O sol ainda se esconde por detrás dos muros quando o chiado ininterrupto das rodinhas de alumínio no chão de paralelepípedos anuncia a chegada da turma do Padre Júlio. O destino do grupo é o núcleo de convivência São Martinho de Lima, um espaço mantido pelo Centro Social Nossa Senhora do Bom Parto, o Bompar, a 500 metros da paróquia. Um convênio com a Prefeitura garante a distribuição de pão e leite com achocolatado para a população em situação de rua, diariamente, das 7h30 às 9h30, e almoço a partir das 10h30.

A ação de Padre Júlio garante algum suplemento ao combo pão e leite com achocolatado. Em mesas dispostas lado a lado, numa espécie de corredor solidário, voluntários orientam os desassistidos a formarem fila para retirar os donativos. O cardápio varia conforme os humores e as condições daqueles que patrocinam a distribuição de alimentos. Nada se nega, tampouco alimentos ultraprocessados envoltos em embalagens brilhantes, com rótulos chamativos, doados por algum industrial. Em cavalo dado não se olham os dentes, diz o provérbio. Com alguma sorte, encontram-se bananas ou maçãs à disposição, pelo menos para os primeiros cem ou duzentos atendidos.

As primeiras senhas já foram distribuídas quando os voluntários se instalam por ali. Até às 9h30, entre 600 e 700 pessoas pegarão a fila e receberão a primeira refeição do dia enquanto hits da música sertaneja emanam das caixas de som. Muitos desses desabrigados passaram a noite na calçada em frente, enrolados em cobertas cerzidas com restos de tecido e fornecidas nos equipamentos municipais de Assistência Social. Outras vivem em malocas ou barracas de camping nos arredores do São Martinho de Lima.

Os autores deste livro acompanharam a movimentação de Padre Júlio no local em duas ocasiões no primeiro semestre de 2022. Numa delas, em maio, os termômetros marcavam 7 graus Celsius, com sensação térmica de 5 graus. Foram distribuídas 800 senhas naquela manhã, número máximo fornecido pelo Bompar. Além dos alimentos, as doações naquele dia incluíram luvas, meias, gorros e cachecóis.

Um dia antes, um senhor de 66 anos havia falecido naquele mesmo salão, pouco depois das 7h, enquanto aguardava sua vez de ser servido. Isaías de Faria já havia retirado sua senha quando teve uma convulsão, decorrente de uma hipotermia, a maior vilã das noites geladas na cidade mais rica da América Latina. Segundo o Instituto Nacional de Meteorologia, São Paulo havia registrado 6,6 graus naquela madrugada, a menor temperatura para o mês de maio desde 1990.

Morrer de frio, em 2022, é uma das formas de morrer de fome. A alimentação insuficiente ou inadequada não apenas detona a imunidade das pessoas, fazendo com que um simples resfriado se transforme em pneumonia, como limita a conversão de calorias em energia térmica, o que, a 6,6 graus, pode ser fatal. Em situações de profunda carência, uma sopa servida à noite por alguma organização da sociedade civil ou o leite quente com achocolatado das manhãs no Bompar podem representar o limiar entre a vida e a morte.

Quando a desnutrição se estende por dias seguidos e a fome se instala no cotidiano das pessoas, a ausência de vitaminas, calorias, carboidratos ou gorduras se transforma em celeiro de infecções. A anemia evolui para hepatite. O orvalho provoca pneumonia. O vento enrijece os ossos e alveja a face – talvez para sempre.

Sensibilizados pelas baixíssimas temperaturas amplamente noticiadas nos meios de comunicação naquela semana, apoiadores fize-

Nas noites de inverno, a fome pode causar morte por hipotermia. Idosos estão entre as vítimas mais comuns

FOTOS: DANIEL KFOURI

FOTO: SÉRGIO SILVA

Na infância, a desnutrição crônica pode provocar inanição e comprometer o desenvolvimento cognitivo e intelectual

ram chegar à paróquia pelo menos 500 kits reforçados, que incluíam sanduíches, frutas e chocolates, acondicionados em sacolas de plástico. Muitos deixaram o centro de convivência com o kit nas mãos, já pensando em garantir a refeição da noite, uma vez que o convênio com a Prefeitura só disponibiliza o café da manhã e o almoço.

Padre Júlio diz que o aumento da procura por comida é evidente.

— O que é notável é o número cada vez maior de pessoas que vêm para comer, mesmo não estando em situação de rua — afirma. — Hoje, muita gente precisa escolher entre morar e se alimentar. Fazer as duas coisas ficou impossível.

Desde o início da pandemia de Covid, em 2020, o núcleo São Martinho de Lima passou a ser frequentado por um número cada vez maior de pessoas que não estavam necessariamente em situação de rua, mas que não tinham mais de onde tirar seu sustento. Eram desempregados, trabalhadores autônomos destroçados pela ausência de políticas públicas durante a quarentena, órfãos e viúvas que tiveram os arrimos de suas famílias assassinados pela falta de vacina e pelo estímulo oficial às aglomerações no ápice da crise sanitária, homens e as mulheres que, se ainda conseguiam pagar o aluguel de algum barraco ou cômodo compartilhado na periferia, já não tinham dinheiro para comer.

— O São Martinho, antes da pandemia, recebia 4 mil novas pessoas por mês, ou seja, 4 mil pessoas que iam pela primeira vez ao núcleo para tomar o café da manhã. Esse número saltou para 8 mil.

Num Brasil desgovernado, havia inclusive quem tivesse acesso a alimentos, mas não às condições mínimas para prepará-los.

— Essas pessoas até recebem uma cesta básica, entregue por alguma ONG ou igreja, mas não conseguem adquirir o botijão de gás

— diz Padre Júlio, ciente do estrago causado por um aumento de 30% no preço do gás de cozinha em apenas doze meses. — A gente nota um número cada vez maior de famílias que passaram a cozinhar com lenha ou com etanol, que é um produto muito perigoso, porque emite gazes tóxicos. Sem contar o risco de queimadura e de incêndio.

Entre os voluntários que atuam na distribuição do café da manhã com Padre Júlio estão praticantes e líderes de outras religiões. Um xeique, uma ialorixá, um pastor. Caixas de som emanam sambas e os grandes sucessos da música sertaneja. Há quem arrisque uma dança, um sorriso. Padre Júlio pega o microfone para pôr ordem na fila e dar recados. Na fila, há os que pedem a bênção, os que chegam de braços abertos e riso franco para agradecer uma ajuda anterior, e também os que aproveitam para reivindicar algo mais.

Terminadas as senhas, os carrinhos de supermercado voltam a riscar o chão no trajeto de volta à paróquia. Padre Júlio segue atento. De vez em quando, encontra alguém febril ou machucado, deitado no chão, e se aproxima para prestar socorro. Se for preciso, saca o celular e liga para o Serviço de Atendimento Móvel de Urgência, o SAMU, ou para o Consultório na Rua, equipe voltante do Sistema Único de Saúde (SUS) focada no atendimento aos desabrigados. Logo retoma a marcha.

Há quem se aproxime em busca de um segundo pãozinho. Agora que todos já comeram, o padre autoriza o repeteco.

A ação termina na paróquia, onde Padre Júlio organiza uma roda com cerca de quarenta pessoas, em sua maioria homens de meia idade, aparentemente acostumados àquele ritual. Alguns se voluntariam para arrastar os bancos da igreja para a varanda e formar, com eles, um grande quadrado. As mulheres são minoria, menos de dez. Há transexuais, gays, idosos e rapazes que parecem recém-saídos da adolescência.

Padre Júlio senta-se no meio do grupo, abre diante de si um grande saco plástico repleto de roupas doadas à paróquia nas últimas vinte e quatro horas e põe-se a distribuir as peças, uma a uma, anunciando em voz alta se são para homem ou para mulher. Braços se erguem, pedidos são feitos. Ninguém parece preocupado em saber a numeração ou checar o caimento das roupas.

Os casacos são mais disputados, sobretudo os abrigos com capuz. As camisetas despertam curiosidade. Conforme a estampa, há quem se interesse e quem decline à oferta. Uma ilustração de hip-hop causa furor, bem como uma camiseta estampada com a palavra Lula, de uma campanha eleitoral anterior. Um moço recebe uma blusa com a frase "vacina para todos" e pede para trocar.

— Essa aqui é bom ter para quando pintar uma entrevista de emprego — Padre Júlio recomenda, tirando da sacola uma camisa social.

Aporofobia, a aversão aos pobres

Terminada a partilha, Padre Júlio arrisca uma homilia. Discorre sobre conceitos complexos como necropolítica e aporofobia, a aversão aos pobres. Disso, o povo da rua entende. Mesmo quando não conhece a teoria, guarda a memória da pele, as próprias experiências de invisibilidade e exclusão.

Papa Francisco, em encíclicas e declarações, tem se referido a esses como os "descartados", aqueles que são deliberadamente marginalizados porque incomodam, o que também acontece com os doentes, os migrantes, os deficientes, os idosos.

Padre Júlio pergunta se alguém no grupo tem exemplos de uma arquitetura que repele, que afasta. Um morador de rua cita os baixos de um viaduto, recentemente cobertos de estacas. Outro reclama de uma

FOTO: SÉRGIO SILVA

São Paulo tinha 24 mil pessoas sem teto em 2019. Três anos depois, o número chegou a 42 mil. Desses, mais de 5 mil (12%) haviam migrado para as ruas no primeiro semestre de 2022

igreja do bairro. Padre Júlio combina de ir lá com um fotógrafo a fim de registrar e denunciar. Em seguida, improvisa uma aula de socialismo.

— Todos pegaram meias? — ele quer saber, com os últimos pares nas mãos. — O que vocês consideram mais importante, que uma pessoa ganhe dez meias ou que dez pessoas ganhem uma meia cada?

Alguns hesitam, mas a resposta ecoa em apoio à segunda hipótese.

São 10h e Padre Júlio insiste para que todos vistam suas meias e tomem seu rumo, tão logo tenham recebido uma das peças de roupa.

— Pegou, caminhou! — ordena, impaciente. — Levanta e anda!

Aos retardatários, o vigário do povo da rua diz que já não tem mais nada a oferecer, que as doações se esgotaram. Some, mancando, através da porta que dá para a cozinha da casa paroquial e vai tomar um chá e comer um pão francês com margarina.

— Também sou filho de Deus.

Linha de frente

A igreja onde Padre Júlio celebra missa todo domingo e a transmite pelo YouTube (para uma audiência nunca inferior a 15 mil visualizações) fica finalmente vazia. "Aqui se entra para amar a Deus", diz uma placa fixada na parede à esquerda do altar. "Daqui se sai para amar o próximo", diz outra placa, pendurada do lado direito. Um mantra.

Desde o início da pandemia, Padre Júlio esteve na linha de frente do combate aos efeitos nocivos do novo coronavírus, agravados por uma postura de negligência e cinismo vinda de uma administração que deveria assumir a dianteira na busca por vacinas e na promoção de medidas emergenciais capazes de evitar a disseminação da doença, como o uso de máscaras e o distanciamento físico. Vestiu seu uniforme, adotou uma máscara equipada com dois grandes filtros cor de rosa, e foi às ruas, septuagenário, fazer o que a consciência lhe dizia que deveria ser feito. Não demorou para perceber que a doença, extremamente desigual, produzia efeitos colaterais muito mais graves entre os mais pobres: aqueles com menos acesso a informação de qualidade e que não podem comprar máscaras nem se isolar, cientes de que, se ficarem em casa, não terão o que comer.

Sua atuação fez com que seu nome recebesse 15.598 das 16.643 indicações que chegaram à Secretaria Municipal de Direitos Humanos e Cidadania, propondo que o Prêmio de Direitos Humanos Dom Paulo Evaristo Arns fosse entregue a ele naquele ano. Em seguida, uma campanha tomou as redes, foi projetada em empenas de edifícios e se difundiu para além da cidade: "deem a primeira vacina para Padre Júlio".

A proposta não vingou. A primeira dose administrada no Brasil foi aplicada, com justiça, no braço de uma enfermeira negra, de 54 anos, moradora de um bairro periférico, que atuava na linha de frente do combate à pandemia junto à enfermagem do Hospital das Clínicas. Padre Júlio nem se importou. Continuou fazendo seu trabalho e, o principal, conseguiu chamar atenção para o povo da rua.

A despeito das ofensas que ainda recebe de setores da sociedade, de gente capaz de chamá-lo de "cafetão da miséria" e de espalhar a teoria da conspiração segundo a qual o religioso se aproveita dos pobres para bancar uma vida de conforto e riquezas, Padre Júlio Lancellotti e a equipe de voluntários do vicariato do povo da rua seguem em frente, arrastando seus carrinhos estridentes, todos os dias, às 7h30 da manhã. 🅵

> Nem todo o trigo do universo feito pão
> Acalmava esta fome antiga e multiplicada
>
> Fome de fome
> Fome de justiça
> Fome de equiparação
> Fome de pão!

Mário de Andrade, 1942

Fome e sede de justiça

Dois pacotes de macarrão instantâneo, um envelope de refresco em pó e uma garrafa de refrigerante de 600 ml. Foram esses os produtos que Rosângela, uma mulher negra de 41 anos, tentou furtar em um mercado da Vila Mariana, em São Paulo, no dia 29 de setembro de 2021. Juntos, os alimentos custavam R$ 21,69, o equivalente a cinco bilhetes de ônibus na cidade. Ou três litros de gasolina.

Flagrada ao tentar esconder os pacotes numa bolsa, Rosângela Cibele de Almeida Melo os devolveu, disse estar faminta e, tremendo dos pés à cabeça, fugiu. Foi capturada por policiais e levada à delegacia.

— Eu tava com muita fome, só pensava em comer — ela contaria, dias depois, em entrevista a um programa de TV. — Os policiais diziam que eu seria liberada logo. Eu só repetia que queria comer.

Rosângela não foi liberada logo. Denunciada pelo Ministério Público de São Paulo, a acusada teve sua prisão em flagrante convertida em prisão preventiva pela juíza Luciana Menezes Scorza, do Plantão Judiciário,

Rosângela foi presa por tentar roubar dois pacotes de Miojo, Coca-Cola e Tang. Um perigo para a sociedade?

EXCLUSIVO
AGORA: MÃE QUE FURTOU EM MERCADO PORQUE PASSAVA FOME DEIXA PRESÍDIO

Programa Cidade Alerta exibido em 13/10/2021. Disponível em youtube.com/ watch?v=ZOIIU6A1zPw

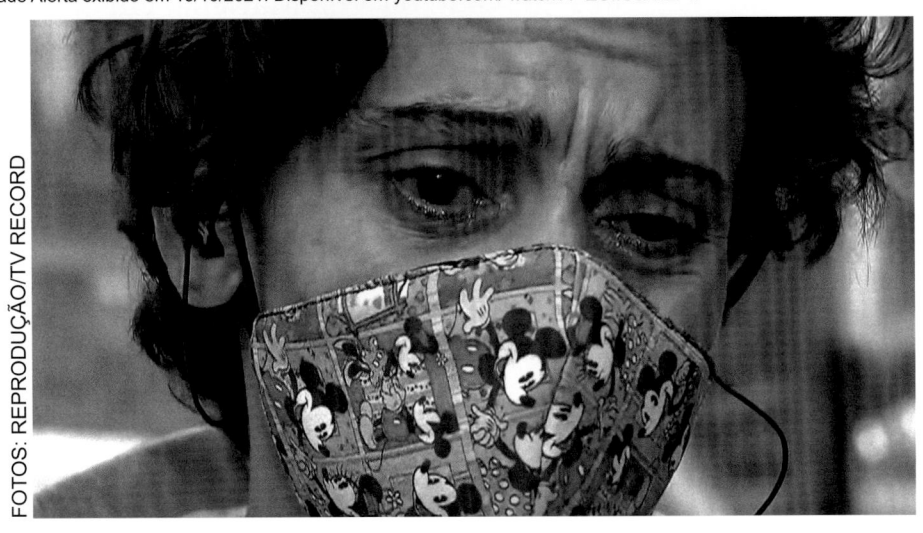

FOTOS: REPRODUÇÃO/TV RECORD

no dia seguinte (processo 1523714-75.2021.8.26.0228). "Mesmo levando-se em conta os efeitos da crise sanitária, a medida é a mais adequada para garantir a ordem pública, porquanto, em liberdade, a indiciada a coloca em risco, agravando o quadro de instabilidade que há no país", anotou. "O momento impõe maior rigor na custódia cautelar, pois a população está fragilizada no interior de suas residências, devendo ser protegida pelos poderes públicos e pelo Poder Judiciário contra aqueles que, ao invés de se recolherem, vão às ruas com a finalidade única de delinquir."

Os argumentos listados induzem à dedução de que um dano eventual à ordem pública representaria crime mais lesivo do que a fome. Diante do exposto, a Defensoria Pública do Estado de São Paulo impetrou um habeas corpus no dia seguinte, assinado pelo defensor Diego Rezende Polachini (HC 2232330-03.2021.8.26.0000), alegando "estado de necessidade", circunstância em que um crime é praticado para evitar consequência mais grave ou perigo iminente – como morrer de fome. "Num país em que as pessoas passam fome, não se pode prender uma acusada por furtar alimentos para sua alimentação", anotou a Defensoria.

Além do estado de necessidade, outros dois fatores poderiam ter justificado a soltura de Rosângela, conforme a jurisprudência do Supremo Tribunal Federal. Uma delas, o "princípio da insignificância", recomenda o arquivamento do processo sempre que o dano ao patrimônio da vítima for ínfimo. O STF tem adotado como valor de referência o equivalente a 10% do salário-mínimo vigente. Num ano em que o salário-mínimo valia R$ 1.100, um furto de R$ 21,69 não causaria prejuízo significativo à parte lesada (o supermercado), segundo a Corte, nem justificaria os custos de mobilizar promotoria, defensoria e as diferentes instâncias da Justiça.

A segunda jurisprudência a ser considerada na análise do crime de Rosângela é a orientação para que seja extinto o processo sempre que houver "furto famélico", aquele que é cometido para aplacar a fome, de si ou de terceiros.

Impetrado pela Defensoria, o habeas corpus foi negado na 2ª instância, onde os desembargadores da 6ª Câmara de Direito Criminal do Tribunal de Justiça de São Paulo alegaram que Rosângela tinha um passado "desabonador", com "dupla reincidência", uma vez que sua ficha listava outras duas detenções: uma em 2014, por furto de fio elétrico, e outra em 2018, por furto de alimentos e produtos de higiene pessoal. "O princípio da insignificância não pode ser acolhido para resguardar e legitimar constantes condutas desvirtuadas", escreveu o relator, desembargador Julio Caio Farto Salles, no dia 7 de outubro.

No direito penal brasileiro, criminosos reincidentes perdem o direito de responder em liberdade porque, teoricamente, oferecem risco à sociedade: o risco presumido de cometer o mesmo delito novamente. Neste sentido, criminosos reincidentes são naturalmente considerados perigosos, inclusive por furtar Miojo, Tang e Coca-Cola.

Faltava um último recurso à Defensoria: apelar para o Superior Tribunal de Justiça (STJ). Enquanto isso, Rosângela permanecia presa no Centro de Detenção Provisória Feminino de Franco da Rocha, na Grande São Paulo. Após o flagrante, Rosângela foi trancada numa cela com outras cinco mulheres, detidas por crimes como sequestro e tráfico de drogas. Na noite em que foi presa tentando roubar comida, Rosângela dormiu com fome. Ela só pôde se alimentar no dia seguinte, já no presídio.

— Comi muito nos primeiros dias — ela contaria a um apresentador de TV. — E sentia muita vergonha por ter roubado. Vergonha da minha mãe, da minha irmã, dos meus filhos.

Quando foi presa, Rosângela não via a família havia quase três anos. Técnica de enfermagem, mãe de um adolescente de 16 anos e de quatro crianças com idades entre 2 e 8, a mulher vivia nas ruas, sem casa, sem emprego, sem os filhos e sem comida. Dependente química nos últimos anos da década de 2010, Rosângela precisou deixar os filhos com a mãe. Três deles ainda viviam na casa da avó em 2021. Outro tinha ido morar com uma prima, no Rio de Janeiro. A caçula vivia num abrigo, sob a tutela do Estado desde que nasceu, literalmente na rua. Em 2019, Rosângela vivia na rua quando deu à luz, sozinha, em plena Avenida Domingos de Morais, em São Paulo. Perdeu a guarda do bebê e, com a esperança de recuperá-la, deu início a um processo de reabilitação que lhe permitiu se afastar do crack em cerca de um ano. Uma vitória importante.

Seu mais recente calvário perante a Justiça se estendeu por duas semanas até a expedição do alvará de soltura, em 13 de outubro de 2021, assinado pelo ministro Joel Ilan Paciornik, do STJ (HC 699572/SP). Em consonância com os argumentos da Defensoria e de entidades de defesa dos Direitos Humanos — que, àquela altura, repudiavam a prisão e cobravam uma solução — o juiz entendeu que, apesar da reincidência, o certo seria aplicar o "princípio de bagatela" (ou "de insignificância"). "Há casos em que o grau de lesão ao bem jurídico tutelado é tão ínfimo que não se pode negar a incidência do referido princípio", afirmou Parciornik, na sentença. O juiz anotou ainda que o valor furtado correspondia a menos de 2% do salário-mínimo. E qualificou o crime como "furto famélico". Rosângela foi solta no dia seguinte.

De quem é o crime?

O caso de Rosângela não é inédito nem excepcional. Condenações e prisões por crimes famélicos, em episódios caracterizados pelo estado de necessidade e pelo princípio da insignificância, têm sido bem mais frequentes do que seria aceitável num país republicano, regido por um Estado democrático de Direito, dotado de uma Constituição Federal apelidada de "cidadã" e dono de um ordenamento jurídico que nem é tão atrasado assim. Embora espantosas, as notícias se sucedem.

Em novembro de 2006, uma jovem de 18 anos foi presa na Zona Leste de São Paulo por entrar em um mercado e sair com um pote de manteiga escondido no boné. Ficha limpa, desarmada, negra e mãe de um menino de 2 anos, Angélica foi condenada a quatro anos de prisão e ficou 128 dias no Centro de Detenção Provisória do bairro de Pinheiros, até ter a prisão relaxada, somente após o caso subir para o STJ. Ao conceder o habeas corpus, o ministro Paulo Gallotti, relator, afirmou não ter encontrado razões para a prisão preventiva da jovem, que ele considerou "vítima de um perverso quadro social que não oferece oportunidades concretas, a ela e a milhões de outros brasileiros, de uma vida digna".

Em abril de 2017, um homem foi preso em Araxá (MG) por tentar furtar dois *steaks* de frango no valor de R$ 2 cada, o que implicaria um prejuízo de R$ 4 ao supermercado, 0,42% do salário-mínimo na época. Flagrado por um segurança, Carlos devolveu o produto, não chegando a consumar o furto, exatamente como aconteceria com Rosângela quatro anos depois. Ainda assim, o dono do mercado acionou a polícia, e o homem, desempregado, foi autuado em flagrante. A prisão foi relaxada no dia seguinte, uma vez que o delegado responsável pelo caso, convencido de que o acusado vivia em condição se miséria, se opôs a prendê-lo. Mesmo assim, o homem foi denunciado pelo Ministério Público Estadual e condenado em primeira e segunda instâncias. Foram quatro anos até a absolvição definitiva do réu, no STJ, em junho de 2021.

Um ano depois, em junho de 2022, um rapaz de 20 anos, preso em Santa Luzia (MG) por roubar um telefone celular com a finalidade de fazer dinheiro para comprar comida, surpreendeu a juíza Elaine de Campos Freitas com um pedido insólito, feito num tom sincero e espontâneo, logo após obter o alvará de soltura na audiência de custódia:

— Excelência, deixa eu ficar até o jantar? — Luan perguntou. — Estou com fome, tem dias que eu não como.

Todos esses casos desnudam as muitas camadas de injustiça que permeiam as leis e sua aplicação no Brasil. Como se o direito a uma alimentação de qualidade não fosse uma prerrogativa civilizatória, prevista na Constituição desde 1988 e em diversas convenções internacionais de que o Brasil é signatário desde os anos 1990. Como se a fome não fosse um crime contra a vida e contra a humanidade. Como se a responsabilidade pela garantia desse direito não fosse do Estado, pelo menos desde a sanção, em 2006, da Lei Orgânica de Segurança Alimentar e Nutricional, a Losan (Lei Federal 11.346), que definiu a alimentação adequada como um "direito fundamental do ser humano, inerente à dignidade da pessoa humana e indispensável à realização dos direitos consagrados na Constituição Federal, devendo o poder público adotar as políticas e ações que se façam necessárias para promover e garantir a segurança alimentar e nutricional da população." Como se tudo isso não tivesse a ver com a concentração de terra, a herança escravista, um modo de produção excludente, um sistema econômico que, da agroindústria ao setor de comércio e serviços, destrói pessoas, reputações, comunidades e tradições. Que destroi o planeta.

Diante disso, não parece haver justificativa plausível para que, em meio a uma pandemia, um furto famélico que nem chegou a ser concretizado – e, se tivesse sido, teria causado um prejuízo total de R$ 21,69 a um supermercado –, tenha mobilizado três instâncias da Justiça e privado uma pessoa de liberdade por duas semanas. Tampouco parece razoável que, condoídas pela fome, a maior das violências, pessoas em situação de vulnerabilidade sejam tratadas como criminosas, enquanto o Estado se mantém distante do banco dos réus. ∎

> Trem sujo da Leopoldina
> correndo correndo
> parece dizer
> tem gente com fome
> tem gente com fome
> tem gente com fome
>
> Tantas caras tristes
> querendo chegar
> em algum destino
> em algum lugar

Solano Trindade, 1944

Tem gente com fome

Você já sentiu fome? Está com fome agora, no momento em que lê este livro? Ou, por obra do acaso, segura uma fruta, um biscoito, um lanche, quiçá uma barra de chocolate numa das mãos enquanto a outra manuseia as página?

Existe fome e existe a fome. De um lado, a vontade de comer, uma espécie de fome-apetite, que opera principalmente no campo do desejo, buscando uma sensação de saciedade que é em parte física e em parte psíquica, relacionada ao prazer de sentir determinado sabor. De outro lado, a necessidade de se alimentar: uma fome-carência, reflexo da escassez de um conjunto de elementos vitais, como nutrientes, proteínas, vitaminas e sais minerais, e que pode causar efeitos fisiológicos graves.

Muitos de nós, acostumados a fazer três refeições por dia, a frequentar restaurantes e a escolher o que vamos jantar, ajudamos a banalizar o problema da fome quando nos referimos a ela. E o fazemos sem perceber. "Tô morrendo de fome!", reclama o filho adolescente, muito bem nutrido, abrindo e fechando a geladeira. "Hoje não parei um segundo, nem deu tempo de almoçar; minha barriga parece que vai grudar", diz a jovem executiva ao chegar em casa, faminta.

A fome, nestes casos, perdura por um par de horas até ser saciada. A barriga ronca, é verdade. A cabeça chega a latejar. O cheiro que emana do balcão da padaria ou do carrinho de pipoca parece fatal – mas nunca ao pé da letra. De repente, o microondas apita, o garçom traz os pedidos, a mãe põe à mesa e tudo se resolve. Com direito a sobremesa.

Mas você já sentiu fome pra valer? Um dia inteiro sem comer? Dois dias sem pôr nada na boca? A semana toda racionando a última porção de fubá ou de farinha de mandioca, misturando mingau com café nas horas em que a tontura fica insuportável? Um mês inteiro mordiscando com parcimônia espartana o conteúdo de uma cesta básica, doada pela igreja ou por uma organização não-governamental, antevendo o momento em que o alimento irá faltar? Alguma vez você dormiu com fome para que os filhos pudessem comer?

Severa e intransigente, caracterizada pela restrição alimentar crônica, essa fome destrói o sistema imunológico, compromete o desenvolvimento cognitivo e intelectual das crianças, provoca fadiga e atrofia muscular e pode desencadear uma cascata de efeitos colaterais graves, como inanição, osteopatia, cegueira noturna e distúrbios neurológicos. Essa fome tem muitas caras – e nenhuma delas é bonita.

Por muitas décadas, fomos induzidos a acreditar que a fome pra valer só existiria na Índia e em certos países da África subsaariana. Corpos esquálidos, desnutridos, com a pele amarelada e os olhos vítreos, vagando como zumbis sem direção, compunham uma fotografia estereotipada, em tudo distante da imagem do "Brasil lindo e trigueiro", do "país tropical abençoado por Deus e bonito por natureza". Terra de abundância, exaltada por Pero Vaz de Caminha em carta enviada ao rei Dom Manuel com suas primeiras impressões sobre a região que a frota de Pedro Ávares Cabral acabara de "descobrir", o Brasil foi desde 1500 identificado como um paraíso verde, apto a ser transformado numa imensa lavoura onde tudo daria. "Em tal maneira é graciosa que, querendo aproveitar, dar-se-á nela tudo", garantiu o escrivão, no mais antigo documento escrito pelos colonizadores sobre a nova terra.

Josué de Castro, médico, geógrafo e sociólogo, foi um dos primeiros autores – e o mais importante deles – a alertar para a farsa do Brasil-sem-males. Ele já era um pesquisador conhecido, com uma dezena de livros publicados, quando lançou *Geografia da fome*, em 1946.

O mundo acabava de sair da Segunda Guerra Mundial, assustado com a cara feia da fome revelada nas imagens dos campos de concentração do nazismo e das cidades européias devastadas. Em sua obra, Josué de Castro compilou dados alarmantes, que demonstravam, sem deixar margem para dúvidas, que a população brasileira também era vítima da fome coletiva, um fenômeno social e geograficamente universal, segundo ele. "Mesmo nosso continente, chamado o da abundância e simbolizado até hoje nas lendas do Eldorado, sofre intensamente o flagelo da fome", escreveu. "É preciso que se confesse corajosamente que a terra da promissão, para a qual foram atraídos, só no século passado (*século 19*), cem milhões de imigrantes europeus, que procuravam fugir às garras da pobreza, também é uma terra onde se passa fome, onde se vive lutando contra a fome, onde milhões de indivíduos morrem de fome."

Mais de dois terços da população da América Latina conviviam com a fome nos anos 1940, conforme pesquisas analisadas pelo autor. "Carências proteicas, carências minerais, carências vitamínicas. Cerca de 120 milhões de latino-americanos sofrem de uma ou mais destas carências alimentares, que os inferiorizam e os predispõem a outras muitas doenças intercorrentes". Oito décadas depois – 80 anos! – o número é semelhante ao de pessoas atingidas pela insegurança alimentar apenas no Brasil. Em 2022, 125 milhões de brasileiros sobreviviam sem ter acesso pleno e permanente a alimentos. Desses, 33 milhões passavam fome.

2021 2022

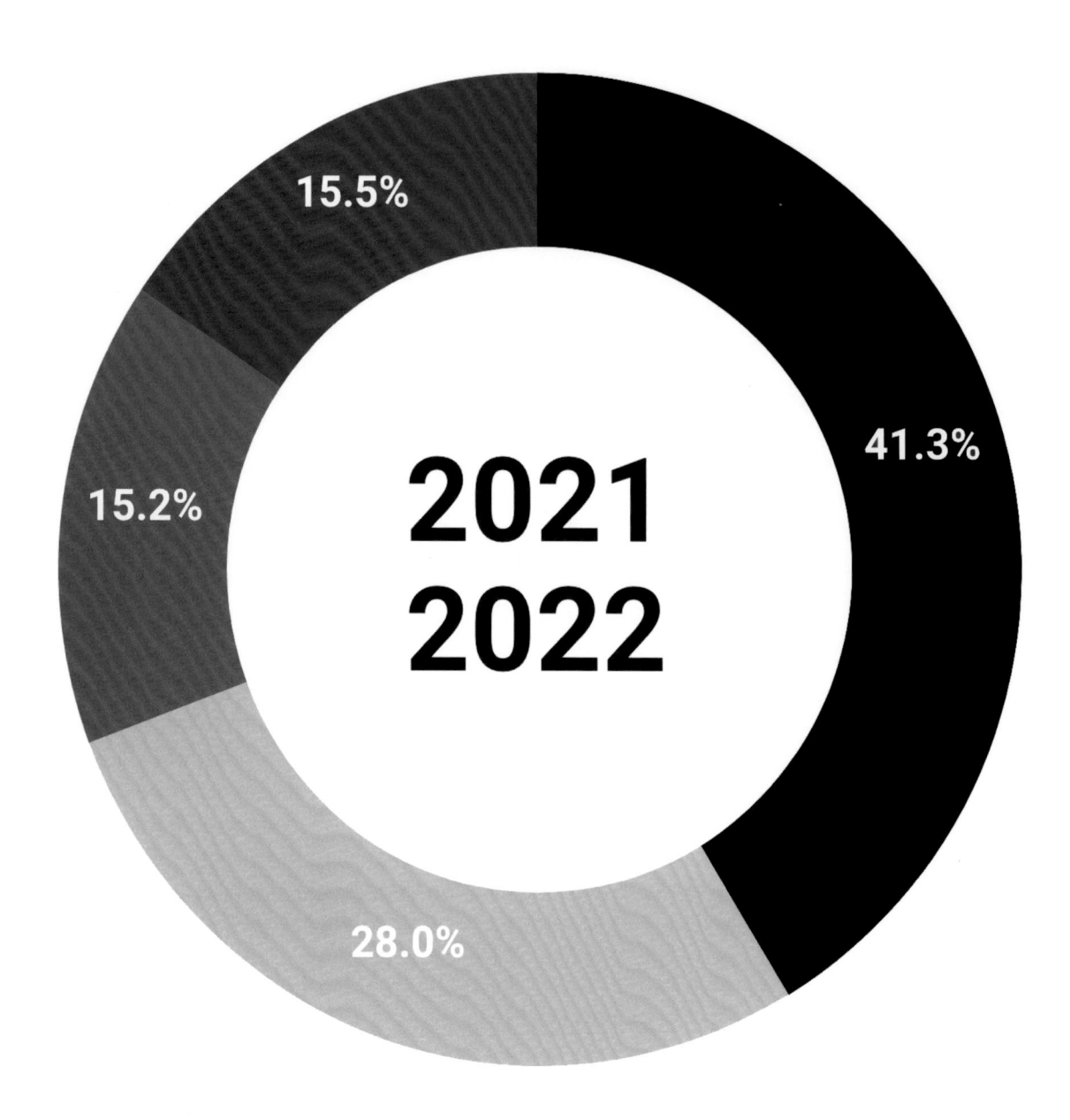

- 41.3%
- 28.0%
- 15.2%
- 15.5%

FONTE: VIGISAN 2021/2022. REPRODUÇÃO/OLHE PARA A FOME

33,1 milhões

DE BRASILEIROS/AS ESTÃO PASSANDO FOME

Mais da metade da população do país — 125,2 milhões de pessoas — vive com algum grau de insegurança alimentar

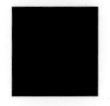

- ■ *Segurança alimentar*
- ■ *Insegurança alimentar moderada*
- ■ *Insegurança alimentar leve*
- ■ *Insegurança alimentar grave*

Evolução da fome no Brasil: percentual de incidência da segurança alimentar e dos diferentes níveis de insegurança alimentar no país (2004-2022)

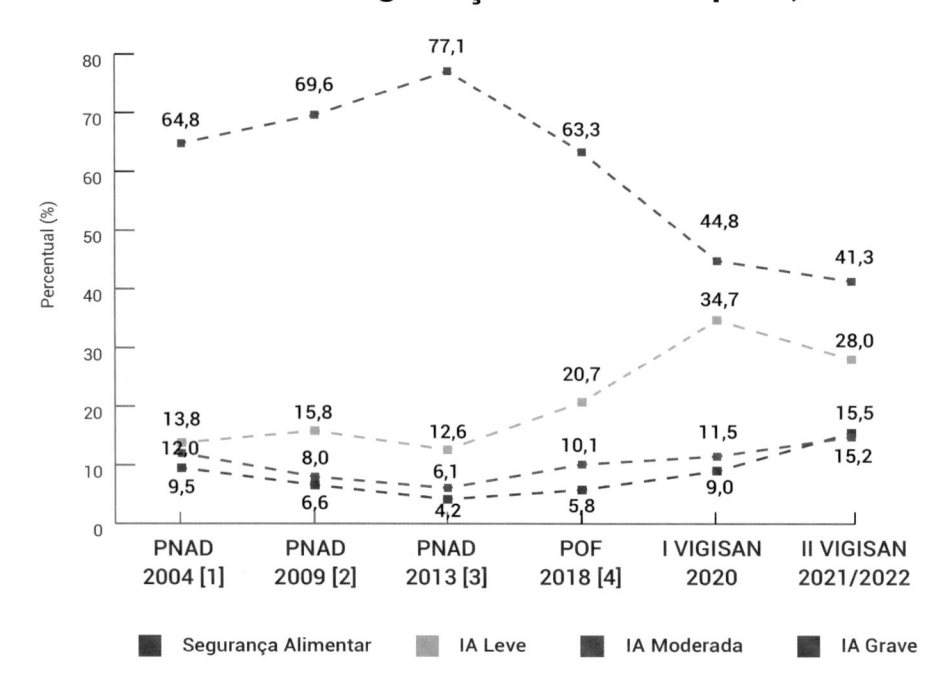

	PNAD 2004 [1]	PNAD 2009 [2]	PNAD 2013 [3]	POF 2018 [4]	I VIGISAN 2020	II VIGISAN 2021/2022
Segurança Alimentar	64,8	69,6	77,1	63,3	44,8	41,3
IA Leve	13,8	15,8	12,6	20,7	34,7	28,0
IA Moderada	12,0	8,0	6,1	10,1	11,5	15,5
IA Grave	9,5	6,6	4,2	5,8	9,0	15,2

Evolução da fome no Brasil: comparativo das regiões conforme o percentual da população afetada pela insegurança alimentar grave (2004-2022)

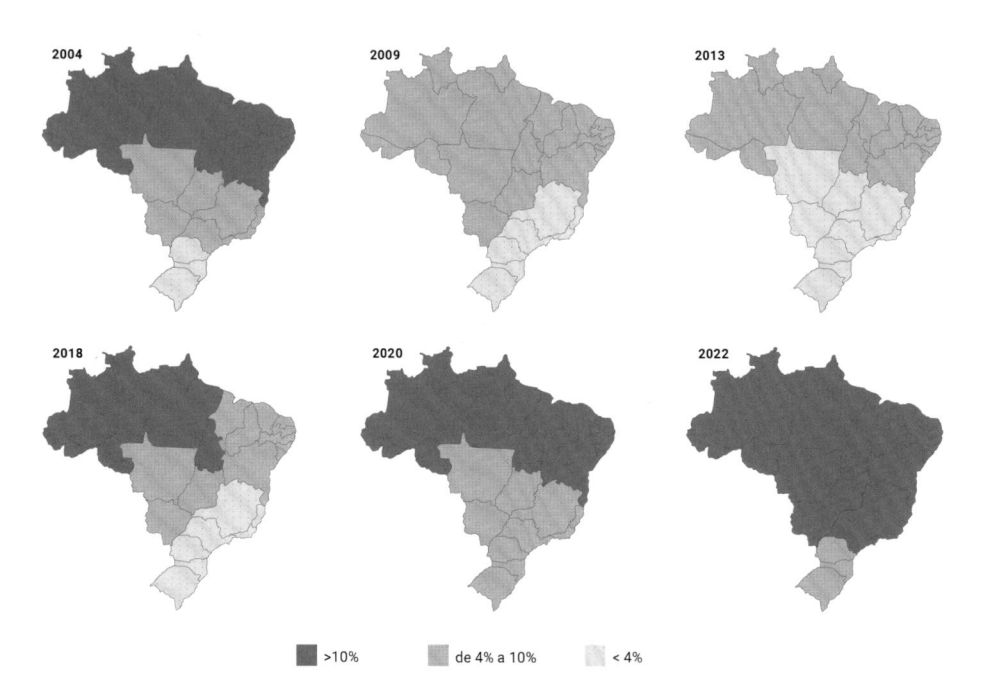

Legenda: >10% | de 4% a 10% | < 4%

FONTE: VIGISAN 2020; VIGISAN 2021/2022. O primeiro gráfico foi elaborado com dados obtidos nas pesquisas: [1] Pesquisa Nacional por Amostra de Domicílios 2003-2004 (IBGE); [2] Pesquisa Nacional por Amostra de Domicílios 2008-2009 (IBGE); [3] Pesquisa Nacional por Amostra de Domicílios 2013-2014 (IBGE); [4] Pesquisa de Orçamentos Familiares 2017-2018 (IBGE).

Os gráficos mostram a evolução dos números da fome no Brasil ao longo de 18 anos. Resultados positivos em 2009 e 2013, negativos a partir de 2018

É possível imaginar que, no Brasil de 2022, enquanto escrevemos este livro ou assistimos a uma série numa plataforma de streaming, enquanto o país bate recordes mundiais de exportação de grãos e de carne bovina, há 33 milhões de pessoas com fome, no campo ou nas cidades, vivendo em malocas ou abrigos, buscando seu sustento nos lixões ou sobrevivendo de doações, muitas vezes agredidas nos sinais ou escorraçadas por agentes de segurança pública do mesmo Estado que deveria zelar por sua integridade física, sua saúde, sua vida?

Trinta e três milhões de brasileiros representavam 15% da população brasileira em 2022. Se fosse possível sintetizar o Brasil numa sala de aula com vinte estudantes, três deles estariam com fome. Não a fome passageira de quem não ouviu o despertador e saiu correndo de casa, sem tomar o café da manhã, mas a fome-carência, absoluta: um jejum involuntário, motivado pela miséria, sem nada no bolso ou nas mãos, nem na geladeira ou na despensa, nem dinheiro para ir à feira ou ao mercado, nem perspectiva de ver as coisas melhorarem no dia seguinte.

Esse percentual era o mais grave da série histórica inaugurada em 2004, quando 9,5% da população viviam em situação de insegurança alimentar grave e outros 12% conviviam com a insegurança alimentar moderada, segundo números extraídos da Pesquisa Nacional por Amostra de Domicílios (PNAD). Agora, segundo levantamento feito presencialmente em 12.745 domicílios entre novembro de 2021 e abril de 2022 por iniciativa da Rede Brasileira de Pesquisa em Soberania e Segurança Alimentar (Rede Penssan) e consolidado no II Inquérito Nacional sobre Insegurança Alimentar no Contexto da Pandemia da COVID-19 no Brasil, essas categorias reuniam respectivamente 15,5% e 15,2% da população: quase um terço do país sem comida suficiente.

Também pela primeira vez, a insegurança alimentar grave acometia pelo menos 10% da população em quatro das cinco regiões do país.

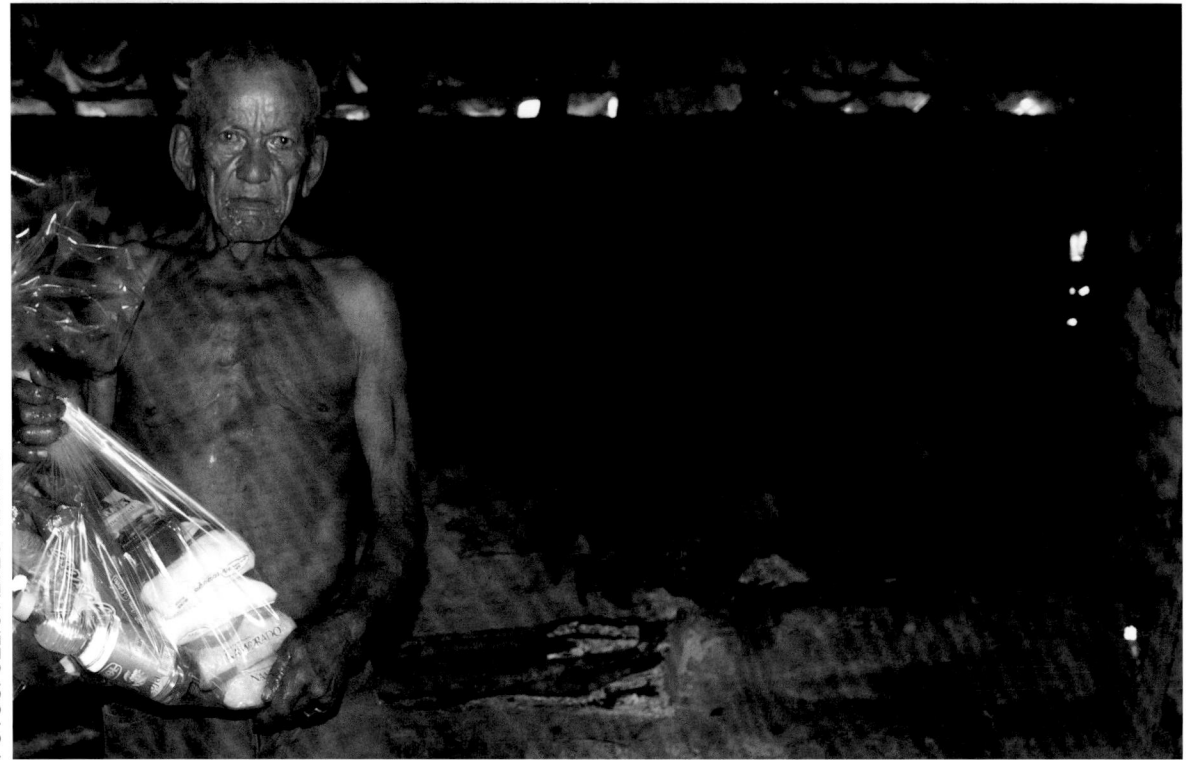

FOTOS: CÉLIO ALVES RIBEIRO

Vivendo sem energia elétrica numa casa de taipa de mão no Trairi (CE), Manoel Barroso teve de aposentar o fogão a gás. Hoje depende da doação de cestas básicas para se alimentar

O conceito de segurança alimentar ainda não era comum no Brasil quando Josué de Castro escreveu o mais citado de seus livros. Empregavam-se, então, os conceitos de subnutrição e desnutrição, e também o de fome crônica, ainda sem a dimensão social embutida na ideia de insegurança alimentar: condição da pessoa que não tem acesso regular e permanente a alimentos de qualidade em quantidade suficientes.

Usualmente, a insegurança alimentar tem sido classificada em três diferentes níveis. A insegurança alimentar grave é a fome-carência em seu estágio bruto: a pessoa não tem o que comer. A insegurança alimentar moderada, por sua vez, se aplica às pessoas que não consomem alimentos em quantidade suficiente. O ato de se alimentar se mostra irregular e a comida é pouca. Refeições são puladas e as porções são dimensionadas para caber no orçamento da casa e para que todos os membros do núcleo familiar possam comer, pelo menos um pouco.

Chama-se de insegurança alimentar leve quando há incerteza sobre a possibilidade de adquirir alimentos num futuro próximo e quando a pessoa deixa de comprar algum produto por falta de condições econômicas, substituindo por opções mais baratas e menos saudáveis. É o que ocorre quando um agravamento da situação financeira de um indivíduo ou de um país faz com que a proteína animal comece a faltar na maioria das casas, quando o bife é substituído por salsicha, quando a dieta deixa de incorporar frutas e verduras e passa a ser baseada em alimentos ultraprocessados, mais baratos e menos nutritivos.

Nos primeiros meses de 2022, faltava comida na mesa de um terço da população brasileira (em muitos casos, faltava também a mesa) e mais da metade do país (58,7%) era vítima de algum nível de insegurança alimentar. Um cenário de terra arrasada. O número total de famintos havia saltado de 19 milhões para 33 milhões, um Peru inteiro, num intervalo de um ano e meio, entre a primeira edição da pesquisa

FOTOS: SÉRGIO SILVA

Entre 2021 e 2022, o número de brasileiros com insegurança alimentar grave saltou de 19 milhões para 33 milhões: uma população igual à do Peru

da Rede Penssan, em 2020, e a segunda. Mais de 14 milhões de pessoas, o equivalente à soma das populações de Portugal e Uruguai, haviam ingressado no inaceitável grupo dos que viviam com fome. Havia, ainda, um universo de 12% da população em insegurança hídrica, ou seja, com restrições de acesso à água, algo como 25 milhões: uma Austrália.

Os resultados vinham confirmar uma tendência de retrocesso já apontada na pesquisa anterior, de 2020, a primeira a mostrar mais gente em condição de insegurança alimentar (55,2%) do que em condição de segurança (44,8%), e também na Pesquisa de Orçamentos Familiares (POF) feita pelo IBGE em 2018, a primeira a indicar que o Brasil voltaria muito em breve ao mapa da fome da ONU, o que seria confirmado em julho de 2022, num relatório da Organização das Nações Unidas para Agricultura e Alimentação, a FAO. Entre a PNAD de 2013 e a POF de 2018, o percentual de famintos no Brasil, vítimas do grau mais severo de insegurança alimentar, havia saltado de 4,2% para 5,8%, revertendo mais de uma década em declínio. Já o índice de segurança alimentar despencara de 77,1% para 63,3% em cinco anos.

Para a ONU, é possível afirmar que há fome, ou insegurança alimentar grave, nos países que apresentam 5% da população nesta situação ou mais. A opção metodológica tem a ver com a margem de erro das pesquisas orientadas ou aceitas pela FAO, em geral por volta de 2,5% para mais ou para menos. Se determinado país tem 5% de famintos, de acordo com a margem de erro pode ser que ele não tenha nenhum.

Em razão disso, o Brasil saiu oficialmente do mapa da fome da ONU em 2014, com base nos números obtidos em 2013, quando havia 4,2% da população com insegurança alimentar grave. A notícia foi muito comemorada e atribuída ao sucesso das muitas políticas públicas de transferência de renda e de promoção da segurança alimentar imple-

O PERFIL DA FOME NO BRASIL

A fome é feminina
convivem com a fome

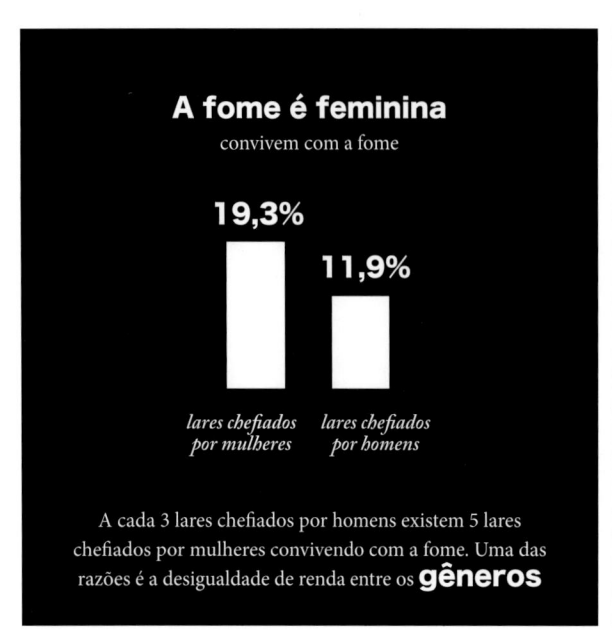

- **19,3%** lares chefiados por mulheres
- **11,9%** lares chefiados por homens

A cada 3 lares chefiados por homens existem 5 lares chefiados por mulheres convivendo com a fome. Uma das razões é a desigualdade de renda entre os **gêneros**

A fome é negra
convivem com a fome

- **18,1%** lares chefiados por pessoas negras
- **10,6%** lares chefiados por pessoas brancas

A cada 5 lares chefiados por pessoas brancas existem 9 lares chefiados por pessoas negras convivendo com a fome. Este grupo cresceu **60%** de 2021 a 2022, enquanto aquele aumentou 34%

A fome tem região
convivem com a fome

- **25,7%** Norte
- **21%** Nordeste
- **13,1%** Sudeste
- **12,9%** Centro-Oeste
- **9,9%** Sul

Enquanto 1 em cada 4 famílias passam fome na região Norte, na região Sul essa prevalência cai para 1 em cada 10. Em números absolutos, no entanto, o **Sudeste** é responsável por **11 milhões** de famintos (ou 1/3 do total)

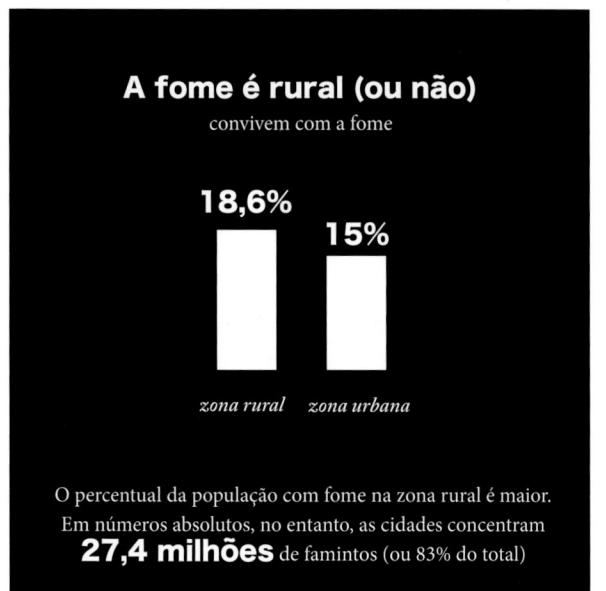

A fome é rural (ou não)
convivem com a fome

- **18,6%** zona rural
- **15%** zona urbana

O percentual da população com fome na zona rural é maior. Em números absolutos, no entanto, as cidades concentram **27,4 milhões** de famintos (ou 83% do total)

FONTE: VIGISAN 2021/2022

21,8%
dos domicílios de agricultores familiares e produtores rurais convivem com a fome

Dos paradoxos da desigualdade: 1 em cada 5 famílias que trabalham no **cultivo de alimentos** não tem acesso a alimentação em quantidade suficiente

1 em cada 3
domicílios tem pelo menos um morador que não faz 3 refeições diárias regularmente

Com pouca variação segundo as regiões do país, 15,4% das pessoas relatam não tomar o café da manhã todos os dias; 10% pulam o almoço e **19,9% não jantam**

12%
dos domicílios não têm acesso regular à água

A insegurança hídrica acomete 1 em cada 8 famílias no Brasil. Em **42%** desses domicílios, a tragédia é dupla: a restrição de acesso à água é acompanhada também da fome

18,1%
das famílias com crianças menores de 10 anos são vítimas da insegurança alimentar grave

A fome atinge 13,5% dos domicílios ocupados apenas por adultos, 20,2% deles quando há duas pessoas de até 18 anos e chega a **25,7%** quando há três menores de idade ou mais

FOTOS: SÉRGIO SILVA

Desemprego, desvalorização dos salários e inflação estão entre os principais motivos da escalada da fome. Combatê-la sempre será uma decisão política

mentadas no país desde os anos 1990, principalmente a partir de 2003, quando o Governo Federal criou o Programa Fome Zero e, em seguida, o Programa Bolsa Família. Ao longo de um decênio, entre 2003 e 2013, o coquetel de programas e planos ministrado com a intenção deliberada de enfrentar a miséria e garantir melhores condições de vida à população mais pobre fez a roda girar e permitiu que os resultados positivos aparecessem antes do que se previa.

O Brasil estava no caminho certo quando, em 2010, os 191 países membros da ONU aprovaram uma resolução que estabelecia oito objetivos a serem alcançados em cada um dos países até 2015: eram os Objetivos de Desenvolvimento do Milênio, conhecidos a partir de então pela sigla ODM. "Erradicar a extrema pobreza e a fome", dizia o primeiro. Este objetivo, por sua vez, previa o cumprimento de três metas, entre elas "reduzir a fome à metade". Cada uma das metas adotava 1990 como marco referencial, ou seja, seria preciso reduzir a fome à metade da registrada em 1990. Já em 2010, quando a resolução foi aprovada durante a Cúpula do Milênio, em Nova York, o anúncio dessa meta foi recebido com otimismo na imprensa: "Brasil deve atingir meta de reduzir a fome à metade, diz FAO", publicou o jornal *O Estado de S. Paulo*, uma semana após a assembleia da ONU. Segundo a entidade, o país partira de um contexto de 11% de famintos em 1990 e o reduzira para menos de 7% em 2007. O êxito, segundo colaboradores da FAO, seria questão de tempo.

Em uma exposição feita durante o Encontro Nacional Contra a Fome, realizado em junho de 2022 no Rio de Janeiro, a economista Tereza Campello, doutora em saúde pública e ministra do Desenvolvimento Social e Combate à Fome entre 2011 e 2016, discorreu sobre o que teria viabilizado o alcance da meta já em 2013 e elencou os principais ingredientes do coquetel. Segundo a ex-ministra, entre os componentes estavam o Programa Bolsa Família, o mais robusto instrumento de transferência de renda vigente no Brasil, e políticas específicas voltadas à produção e à distribuição de alimentos, como o Programa Nacional de Alimentação Escolar (PNAE), o Programa de Aquisição de Alimentos (PAA) e o Programa Nacional de Fortalecimento da Agricultura Familiar (Pronaf), entre outros.

Mas o verdadeiro pulo do gato, segundo a ex-ministra, foi transformar o combate à fome em prioridade política, como recomendava Josué de Castro, e investir no binômio emprego e renda. "O conjunto de políticas de enfrentamento da pobreza derrubou o número de pobres no Brasil de 51 milhões em 2003 para 20 milhões em 2013", disse Tereza. Em 2014, o país registraria as menores taxas de pobreza e também de desemprego desde a redemocratização. Sair do mapa da fome, portanto, não foi mérito exclusivo do Bolsa Família, como muitos pensam. "O Bolsa Família foi responsável por 14% do incremento de renda dos brasileiros mais pobres, enquanto 86% vieram do trabalho formal. Não se pode, portanto, desprezar o estímulo à criação de 20 milhões de empregos com carteira assinada, tampouco a política de valorização do salário-mínimo: aumento real de 74% entre 2003 e 2016, com impacto positivo nas aposentadorias."

O tempo começou a fechar em 2016. Com o governo Dilma Rousseff travado desde a instalação de um processo de impeachment no Congresso Nacional, alguns desses programas começaram a perder recursos e a ficar em segundo plano. Em seguida, logo após a troca de presidentes, foi sancionada a Emenda Constitucional do Teto de Gastos. Encaminhada ao Legislativo pelo governo de Michel Temer e promulgada em dezembro, a lei congelou novos investimentos na área social, uma forma de retomar um modelo de nação anterior, anacrônico, baseado na concentração de recursos e no incentivo aos privilégios.

Jair Bolsonaro, por sua vez, extinguiu o Conselho Nacional de Segurança Alimentar (Consea) em seu primeiro mês na Presidência da

República. O Bolsa Família foi encerrado dois anos depois, em 2021. Ao longo de quatro anos de governo, não houve aumento real do salário-mínimo nenhuma vez. Os preços dos alimentos e de insumos para o preparo, como o gás de cozinha, dispararam. O resultado foram 33 milhões de brasileiros com fome. Quem planta arroz colhe arroz, diz o ditado.

Junto com a fome recorde, veio a necessidade de recomeçar, de refundar as bases para recuperar o que se perdeu. Em meados de 2022, quando parte significativa da comunidade internacional estava voltada para o Brasil, atenta ao processo eleitoral e preocupada em vencer a fome mais uma vez, especialistas voltaram a debater o assunto como havia muito não se via. Não se tratava, agora, de recomeçar do zero, porque a experiência exitosa deixou marcas positivas, aprendizados, tecnologias e formulações valiosas. Tampouco se tratava de fazer como antes, reproduzindo as mesmas soluções que deram certo num outro tempo, como quem recupera um velho disco de vinil e põe para tocar na vitrola.

Era preciso, com urgência, recuperar as melhores práticas adotadas desde o lançamento do Fome Zero, em 2003, corrigir o que não funcionou e descartar o que não deve funcionar vinte anos depois. Em tempos de aquecimento global, esgotamento do solo, superexposição aos agrotóxicos, redução drástica da extensão das lavouras de gêneros alimentícios e estímulo à produção de *commodities*, privatização da água e alguma esperança na forma de alimentos orgânicos e sustentáveis, na agricultura familiar, agroecológica e agroflorestal, havia chegado a hora de buscar respostas para o desafio que se impunha como nenhum outro: como enfrentar a fome sem destruir o planeta? Tudo isso rapidamente, porque não temos outros 25 anos para vencer a fome pela segunda vez. ∎

> Ó donos do agrobiz, ó reis do agronegócio
> Ó produtores de alimentos com veneno
> Vocês que aumentam todo ano sua posse
> E que poluem cada palmo de terreno
>
> E que possuem cada qual um latifúndio
> E que destratam e destroem o ambiente
> De cada mente de vocês olhei no fundo
> E vi o quanto cada um, no fundo, mente

Chico César e Carlos Rennó, 2015

O agro não é pop

Um drone cruza o céu da fazenda e deixa todo mundo agitado. Crianças dão o alerta, avisando os mais velhos que a nave se aproxima mais uma vez. Uma senhora corre para tirar as roupas do varal, prender os cachorros e arrastar os netos para dentro de casa. Na lavoura, sem ter onde se abrigar e sem tempo a perder, agricultoras e agricultores puxam a camiseta até que o tecido lhes cubra a boca e o nariz. Apressada, a máquina reluzente deixa um rastro branco atrás de si, como se imitasse a Esquadrilha da Fumaça.

Até recentemente, a acrobacia encantava os moradores, principalmente os pequenos, que davam gritos de entusiasmo, e não de medo. Chamavam os irmãos, os pais e as tias para verem de perto o pássaro de aço que soltava nuvem pelo rabo. Que bicho poderia ser?

Indo e voltando no ar, como uma enorme aranha voadora não tripulada, o drone parecia coisa de outro planeta. Cada sobrevoo era festejado como um espetáculo de efeitos especiais numa terra carente de cinema. Hoje, sabe-se a maldade que o pássaro é capaz de causar.

— Lá vem a chuva de veneno!

FOTO: SHUTTERSTOCK

A pulverização aérea de agrotóxicos, por drone ou avião, tem sido usada como arma química contra aldeias, assentamentos e agricultores

Nuvem coisa nenhuma. O que sai do rabo do drone é agrotóxico, dezenas de litros por minuto. Por isso é preciso correr. Ao se esconder em casa e fechar as portas e janelas, famílias de lavradores tentam se proteger do contato com aquele produto. Aprenderam na própria pele os efeitos nocivos da chuva tóxica: ardência, queimadura, coceira, alergias, brotoejas, dermatites. E não somente na pele. Quem respira a fumaça dos pesticidas pode ter tosse, falta de ar, náusea, dor de cabeça, irritação nos olhos, conjuntivite, convulsões e desmaios.

Um dossiê publicado em 2015 pela Associação Brasileira de Saúde Coletiva (Abrasco) e pela Fundação Oswaldo Cruz (FioCruz) listou 34.147 casos de intoxicação por agrotóxicos notificados no Brasil entre 2007 e 2014. Os números são baseados em dados oficiais do Ministério da Saúde. Foram 13 contaminações por dia naquele período.

O próprio Ministério da Saúde, no entanto, considerava, já naquela época, que a tragédia poderia ser até cem vezes maior em razão da enorme subnotificação. O número real de intoxicações era estimado pela pasta em 400 mil por ano, resultando na morte de 4 mil pessoas. E a tendência era de alta, em razão de uma conjunção de fatores tais como o crescimento da área ocupada pelo agronegócio e o crescimento exponencial do uso de agrotóxicos. Considerando apenas os episódios de intoxicação aguda listados pelo Sistema Nacional de Agravos Notificados (Sinan), o total de casos havia pulado de 2.071 casos em 2007 para 3.466 casos em 2011, um aumento de 67%.

Os sintomas descritos pela Organização Mundial da Saúde são mais de vinte e variam conforme a dose, o tempo de exposição, o princípio ativo e a categoria do agrotóxico (inseticida, fungicida ou herbicida). Entre as sequelas mais graves estão lesões hepáticas, distúrbios endócrinos e alterações hormonais severas, além de parkinson, neuropatias, diferentes tipos de câncer e má formação fetal.

No filme *Pesticidas: a hipocrisia europeia* (França, 2022), dirigido por Stenka Quillet, uma mãe conta que a filha, de 8 anos de idade, tem os seios formados e todos os pêlos pubianos plenamente desenvolvidos – as mamas começaram a despontar antes dos 2 anos. Outra mãe chora ao lembrar a morte do primeiro bebê, vítima de má formação cardíaca atribuída à ingestão ou inalação de agrotóxico durante a gestação.

Ambas vivem em Sapezal, no Mato Grosso, e tiveram suas rotas alteradas – para sempre – porque a legislação brasileira é negligente em relação ao emprego de pesticidas e a formas de aplicação que deveriam ter sido proibidas há muito tempo, como a pulverização aérea. E porque, em geral, quando a legislação é mais rigorosa, o que falta é fiscalização.

O despejo aéreo de veneno não é novidade. Antes dos drones, fazendeiros usavam aviões. Segundo o Sindicato Nacional da Indústria de Produtos para Defesa Vegetal (Sindiveg) – sim, existe uma entidade de classe que representa a categoria e seu nome é este –, cerca de 24% da área plantada no país tem sido pulverizada dessa forma.

Uma questão de pontaria

Ao mirar os campos de soja, cana, milho ou capim, os aplicadores aéreos de veneno costumam acertar casas, escolas e outros equipamentos públicos. No mesmo filme gravado em Sapezal, há uma cena em que a equipe de filmagem e a nutricionista Marcia Montanari, professora do Instituto de Saúde Coletiva da Universidade Federal do Mato Grosso (UFMT), trafegam por uma estrada quando flagram um monomotor despejando veneno sobre a plantação. Em segundos, tratam de estacionar à beira da estrada e fechar as janelas do carro. Diante da câmera, o avião atravessa a via pública sem fechar as comportas. Dispersa no ar, a chuva de veneno alcança o carro e também atinge um rapaz que passa de moto no momento da pulverização.

FOTOS: REPRODUÇÃO

Imagens do filme "Pesticidas: A Hipocrisia Europeia" (2022). Disponíveis em www.arte.tv/en/videos/095070-000-A

A equipe do filme *Pesticidas: a hipocrisia europeia* flagrou despejo de veneno sobre uma estrada em Sapezal (MT). A prática é vetada a menos de 500 metros de áreas públicas, povoadas ou trafegáveis

Em outros estados, colecionam-se ocorrências escandalosas. Em Goiás, uma escola rural no município de Rio Verde foi atingida em 2013 pela pulverização aérea, intoxicando noventa crianças. No Mato Grosso do Sul, uma aldeia guarani kaiowá em Caarapó foi vítima da mesma técnica em 2015. Um morador indígena gravou a chuva de veneno com o celular e ousou denunciar. Esses dois episódios estão entre os poucos que chegaram à imprensa porque em ambos os casos houve condenação judicial, tanto da empresa da aeronave quando da contratante. Até 2022, nenhuma das pessoas intoxicadas havia recebido indenização.

A legislação brasileira é omissa em relação ao tema. Uma instrução normativa editada pelo Ministério da Agricultura em 2008 vetou a aplicação aérea de agrotóxicos em áreas que estejam a menos de 500 metros de comunidades e edificações. O mesmo limite ficou valendo para estradas, rios e lagos. Desde então, a regra vem sendo sistematicamente descumprida. Em 2020, uma nova instrução normativa, editada pelo Governo Federal, reduziu a margem de segurança para 250 metros.

Os donos de terra, com a anuência do presidente Jair Bolsonaro, argumentavam que, se a área lhes pertence e se aquele tipo de agrotóxico tiver respaldo na lei, eles deveriam ser livres para fazer o que bem entendessem. Sob essa ótica, se uma oca fica a 50 metros da cerca, correndo o risco de ser atingida pelo bombardeio aéreo, paciência: ninguém tem culpa, nem o fazendeiro nem o piloto contratado para aplicar o veneno.

Entre 2019 e 2022, o mesmo Governo Federal orientou que o símbolo de caveira, historicamente presente nas embalagens de produtos tóxicos, fosse dispensado dos pesticidas avaliados como classe 4 ou 5, aqueles que podem causar diferentes doenças, mas com risco reduzido de morte. Também propôs que a expressão "agrotóxico" fosse alterada para "defensivo agrícola" em todas as leis e documentos oficiais. "São remédios", afirmou a então ministra da Agricultura, Tereza Cristina.

Antes de assumir a pasta, Tereza era deputada federal pelo Mato Grosso do Sul e presidia a Frente Parlamentar Agropecuária (popularmente conhecida como Bancada Ruralista), que congregava cerca de 200 deputados e senadores: a mais numerosa bancada suprapartidária do Congresso Nacional. Suas posições, notoriamente favoráveis à desregulação do setor, lhe renderam o apelido não muito carinhoso de "musa do veneno". Não deu outra: em 2019, foram liberados 475 novos agrotóxicos no Brasil; em 2020, 493; e, em 2021, outros 562.

No total, o mercado brasileiro ganhou 1.530 novos agrotóxicos em três anos. Entre janeiro e junho de 2022, outros 187 pesticidas se somaram à lista, incluindo dois produtos classificados como extremamente tóxicos, cinco altamente tóxicos, cinco altamente perigosos ao meio ambiente e 82 muito perigosos ao meio ambiente (as planilhas com os produtos e as toxicidades foram publicadas no site do Ministério da Agricultura).

Em julho de 2022, o país havia atingido a marca de 3.748 venenos comercializados legalmente para uso agrícola, dos quais 1.717 aprovados durante o governo Bolsonaro: quase a metade do total. Entre as novidades, diversos pesticidas produzidos com substâncias banidas em outros países, como o Clorotalonil, vetado desde 2019 na União Europeia por causar dano ao DNA humano e exterminar certas espécies de peixes, anfíbios e abelhas, e o Clorpirifós, bastante popular no Brasil, proibido nos Estados Unidos e na Europa por estar relacionado com má formação encefálica em bebês.

Em volume de veneno, o cenário é igualmente dantesco. O Brasil é considerado o campeão mundial de uso de agrotóxicos desde 2017, quando foram despejadas 540 mil toneladas de pesticidas segundo o Ibama. Em 2021, esse volume já havia dobrado, superando 1 milhão de toneladas. Considerando a população brasileira, na casa dos 210 milhões de habitantes, é possível afirmar que cada brasileiro tem sido responsável pelo consumo de aproximadamente 5 litros de agrotóxico por ano desde 2020. O veneno está no algodão de que são feitas as roupas que usamos, na ração que servimos aos nossos cães e gato, no farelo que alimenta as galinhas, os porcos e os bois antes de serem abatidos e chegarem às nossas mesas. E, é claro, nas frutas, nas verduras, no tomate e até na granola, ou seja, naqueles produtos coloridos e teoricamente saudáveis que deveria nos fazer apenas bem.

Como chegamos a este ponto? Não é preciso ser vidente, investigador de polícia nem agente aposentado da KGB para perceber que alguém deve estar ganhando, e muito, com todo esse veneno. Tanto na iniciativa privada quanto nos corredores da política.

Lobby do boi

Um levantamento feito pelo site O Eco revelou que, das 45 pautas do Legislativo consideradas prioritárias pelo Governo Federal no início de 2022, dez tinham impacto direto no meio ambiente. A lista é abrangente e a aparência é de um decálogo com sinal trocado, como se fossem os dez mandamentos da destruição. O clima era de jogo na prorrogação: um último esforço para liquidar a fatura antes do fim do mandato.

Entre as prioridades estavam legalizar as atividades de mineração, geração de energia e exploração de petróleo em terras indígenas (PL 191/2020, um projeto apresentado pelo Executivo), autorizar a grilagem de terras e anistiar os invasores (PL 2633/2020, aprovado na Câmara em agosto de 2021) e facilitar a liberação de agrotóxicos, reduzindo o que ainda resta de exigências ambientais e de saúde e atribuindo poder de decisão apenas ao Ministério da Agricultura, e não mais ao consórcio formado por Ministério da Agricultura, Ministério do Meio Ambiente e Anvisa (PL 6299/2002, aprovado na Câmara em fevereiro de 2022).

Multinacionais campeãs em reuniões oficiais com o Ministério da Agricultura, Pecuária e Abastecimento (2019-2022)

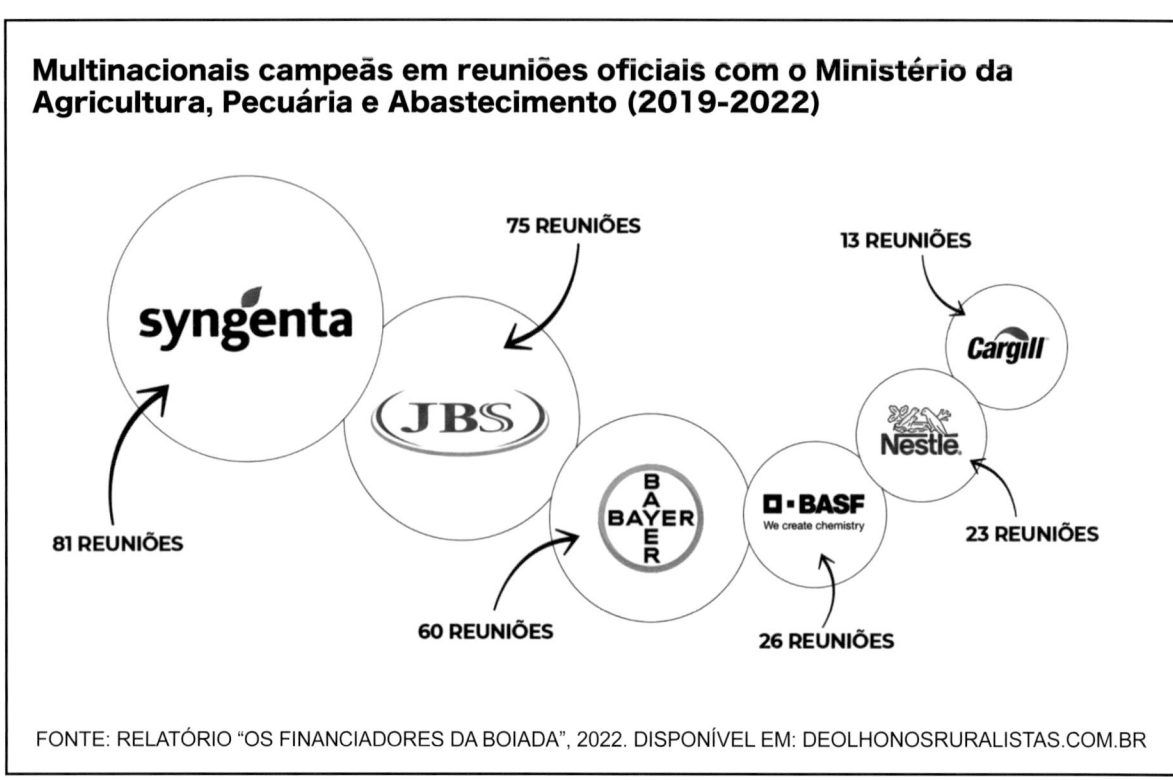

- Syngenta: 81 REUNIÕES
- JBS: 75 REUNIÕES
- Bayer: 60 REUNIÕES
- BASF: 26 REUNIÕES
- Nestlé: 23 REUNIÕES
- Cargill: 13 REUNIÕES

FONTE: RELATÓRIO "OS FINANCIADORES DA BOIADA", 2022. DISPONÍVEL EM: DEOLHONOSRURALISTAS.COM.BR

Registros concedidos de agrotóxicos e afins, ano a ano (2005-2021)

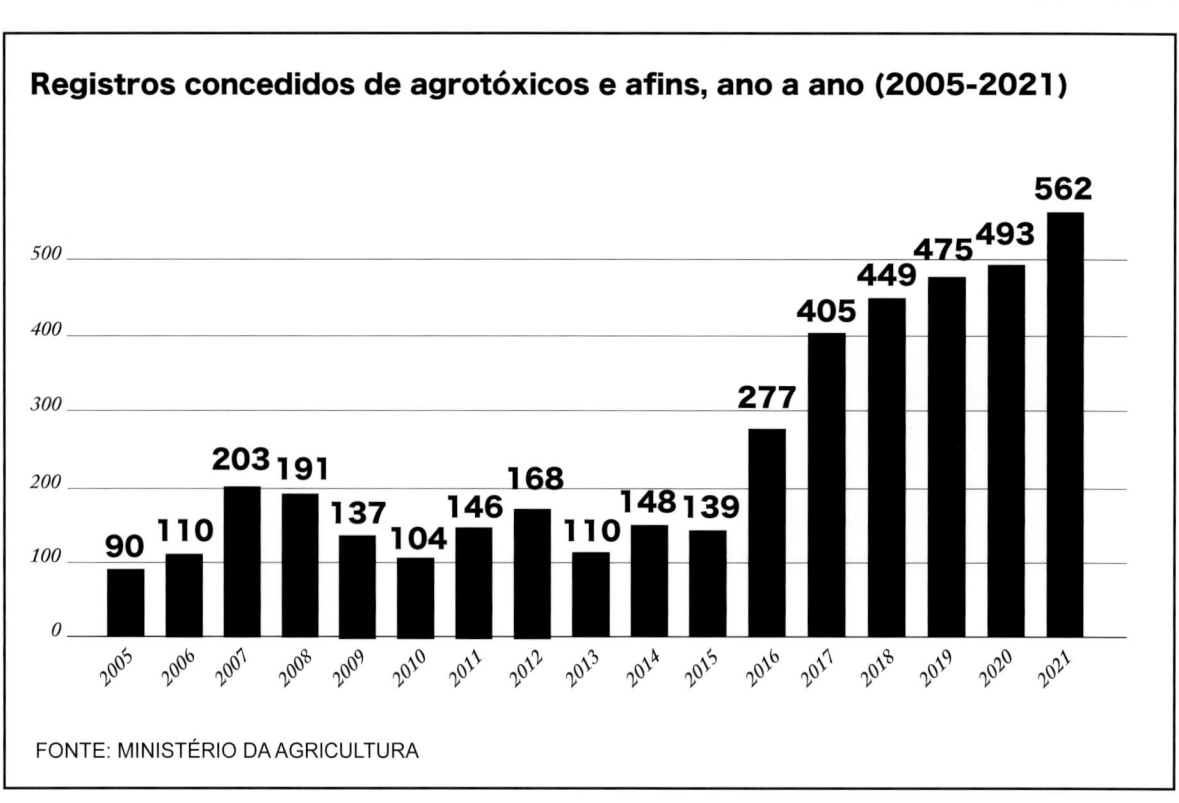

Ano	Registros
2005	90
2006	110
2007	203
2008	191
2009	137
2010	104
2011	146
2012	168
2013	110
2014	148
2015	139
2016	277
2017	405
2018	449
2019	475
2020	493
2021	562

FONTE: MINISTÉRIO DA AGRICULTURA

Ainda segundo o site O Eco, o número de parlamentares que votavam sistematicamente contra o meio ambiente era duas vezes maior do que o número de congressistas que votavam prioritariamente a favor. Em média, foram 295 votos contrários e 143 a favor sempre que temas relacionados ao meio ambiente foram submetidos à apreciação do plenário. Distração? Pressa? Desconhecimento? Uma observação mais atenta vai mostrar que a melhor explicação para esse fenômeno é a força do lobby promovido, conjuntamente, pelas multinacionais da indústria química em parceria com as grandes empresas do agro.

Esse lobby não se resume ao Poder Legislativo, com sua populosa e influente bancada do boi. Ele se estende também ao Poder Executivo. Em julho de 2022, o site O Joio e o Trigo publicou um dossiê intitulado *Os financiadores da boiada: como as multinacionais do agronegócio sustentam a bancada ruralista e patrocinam o desmonte socioambiental*. O trabalho esmiúça as ligações perigosas que estão na base da goleada desferida pelos ruralistas contra os ambientalistas no Congresso Nacional e na gênese da cruzada empreendida pelo Governo para beneficiar os grandes produtores. "Passar a boiada", conforme as palavras, muito apropriadas, utilizadas em 2021 por um ex-ministro do Meio Ambiente mais preocupado em legalizar o desmatamento e as atividades econômicas predatórias do que na defesa do planeta.

A partir das agendas oficiais da ministra Tereza Cristina e de seus diretores executivos, disponibilizadas publicamente em razão da Lei da Transparência, os autores do dossiê conseguiram mostrar que as grandes multinacionais do setor foram recebidas dezenas de vezes pelo primeiro escalão do governo, enquanto ambientalistas, sem-terra, povos indígenas e populações ribeirinhas, entre outras, seguem invisíveis aos olhos do governo. Entre janeiro de 2019 e junho de 2021, foram 81 reuniões com representantes da Syngenta, multinacional com sede na Suíça que

> Os efeitos colaterais dos agrotóxicos não se limitam a quem tem contato com eles na lavoura. Eles estão na água em metade dos municípios e na maior parte dos alimentos

é líder mundial em pesticidas, 75 com gente da JBS, a maior empresa do agro no Brasil segundo o ranking da Forbes de 2022, e 60 com a Bayer, empresa química de origem alemã e vice-líder no mercado de veneno. Considerando ainda as 26 reuniões com executivos da Basf, 23 com a Nestlé e 13 com a Cargill, não houve uma só semana sem que as portas do Ministério da Agricultura não tenham sido abertas para uma delas. "Este Governo aqui é de vocês", Bolsonaro chegou a discursar, em julho de 2019, num café da manhã com a bancada ruralista no Palácio do Planalto. Agradeceu a indicação da ministra Tereza Cristina e reforçou: "Ao longo de vinte e oito anos dentro da Câmara, eu acompanhei e, mais do que isso, eu acredito que, 100%, votei com a bancada ruralista".

Se o hábito faz o monge, o resultado dessa intensa convivência foi a festa da desregulação – associada à certeza da impunidade nos episódios envolvendo despejo aéreo de veneno em aldeias e escolas, contaminação de solos e lençóis freáticos, identificação de resíduos de agrotóxicos proibidos nos alimentos e outros crimes assemelhados.

Murro em ponta de faca

Na contramão do afrouxamento da legislação e de uma fiscalização cada vez mais ausente, casos de intoxicação como o da escola de Rio Verde e o da aldeia de Caaparó estimularam, a partir de 2015, a elaboração de projetos de lei estaduais e municipais visando à proibição da pulverização aérea de pesticidas, já banida em outros países. Em 2017, o Ceará se tornou o primeiro estado a vetar completamente essa forma de aplicação de agrotóxicos, não apenas no entorno das áreas habitadas. No Maranhão, estado vizinho, tentou-se repetir a façanha, mas o projeto de lei não foi aprovado na Assembléia Legislativa. "Aqui, dos dezoito deputados federais, apenas quatro não se submetem aos interesses dos ruralistas", calcula o advogado Diogo Cabral, consultor da Federação dos Trabalhadores Rurais do Maranhão (Fetaema).

FOTOS: RAWPIXEL/GOVERNO DOS ESTADOS UNIDOS

FOTOS: JOÃO PAULO GUIMARÃES

Pesticida é aplicado em fazenda no Ceará. Produtores utilizam um cano, apelidado de "cateter", para injetar veneno nas árvores, comprometendo folhas e frutos por dentro

Diogo Cabral atuou como advogado da Comissão Pastoral da Terra no estado e, para um mestrado, investigou os impactos do agronegócio na fronteira agrícola da Amazônia no Maranhão. Eles extrapolam em muito os efeitos dos agrotóxicos. Cabral notou, por exemplo, que o avanço da soja foi proporcional à redução da área cultivada com feijão e mandioca, bases da alimentação local. Com isso, enquanto a maior parte das terras agriculturáveis do estado se transformam em fábrica de grãos para serem exportados e utilizados em ração, os alimentos têm seu preço aumentado por conta da diminuição da oferta e, muitas vezes, pelos custos necessários para traxê-los de regiões mais distantes.

O advogado observou, também, que um número significativo de camponeses que atuavam na agricultura familiar converteram-se em trabalhadores assalariados nas fazendas de soja, dispostos a desempenhar um serviço precarizado, mal pago, com quase nenhuma proteção social, sobretudo quando contratados como temporários, sem carteira assinada. "Isso quando não são vítimas de trabalho forçado, com privação de liberdade e condições degradantes, análogas à escravidão", compara. Ao perder suas pequenas propriedades para o agro, incapazes de resistir ao assédio e às propostas dos latifundiários, esses lavradores se desterritorializam e acabam inchando as franjas periféricas das cidades.

O processo de transformação da paisagem é acompanhado de assoreamento de rios, destruição de nascentes e contaminação do solo. Sob a pretensa função de promover o pleno desenvolvimento da lavoura, impedindo que as plantas sejam infectadas por pragas, fungos ou insetos, os agrotóxicos agem de modo a minar a fertilidade da terra, já comprometida desde o momento em que a diversidade foi substituída pela monocultura. Cria-se um círculo vicioso. Fazendeiros adeptos da agricultura convencional foram convencidos de que os fertilizantes químicos são necessários para fazer a plantação vingar, da mesma forma que os agrotóxicos são indispensáveis para que sua produção resista até a colheita. E quanto mais injetam esses produtos, produzidos pelas mesmas gigantes multinacionais, mais o solo fica degradado, passando a depender de doses cada vez maiores de feritilizantes e agrotóxicos. Tudo isso, segundo Diogo Cabral, com a cumplicidade do Estado. "O governo isenta essas empresas do pagamento de tributos, o plano Safra injeta milhões no setor e a Embrapa é orientada a trabalhar para a expansão da soja", enumera. "A verdade é que temos um Estado máximo para o agro e um Estado mínimo para a agricultura diversa e agroecológica."

Por meio da Fetaema, Diogo atuou como advogado para diversas comunidades e famílias afetadas pela chuva de veneno no Maranhão, nos municípios de Buriti e Duque Bacelar, entre outros. Em Duque Bacelar, numa comunidade rural chamada Roça do Meio, uma escola virou alvo do despejo aéreo. A contaminação foi tão forte, e o cheiro ficou impregnado de tal maneira nas salas, que as aulas tiveram de ser suspensas por dias. A horta produzida pelos alunos, tudo de forma orgânica, foi destruída, assim como diversas roças agroecológicas ao redor. Nenhuma indenização foi paga. Ninguém foi preso ou multado.

Arma química

A prática de pulverização aérea não tem sido usada somente como tecnologia agrícola, mas como estratégia de guerra. A chuva de veneno é proposital. Ela não atinge comunidades lindeiras às plantações apenas por negligência ou falha do piloto – os acusados costumam dizer que não enxergaram as casas durante o voo –, mas de forma deliberada. Ou seja, essas áreas são os alvos.

O agronegócio usa o veneno para se impôr, seja para expulsar populações que impedem sua expansão desenfreada, como os povos indígenas e quilombolas, seja para implodir modelos econômicos alternativos, como assentamentos de trabalhadores sem terra e cooperativas de produtos orgânicos e agroecológicos, onde não entram sementes transgênicas nem veneno. E o fazem como uma forma de terrorismo.

O agrotóxico é utilizado como arma química – "uma arma silenciosa contra os Direitos Humanos", na boa expressão cunhada em 2013 pela geógrafa Larissa Bombardi, exilada em Bruxelas desde o início de 2021. Professora do Departamento de Geografia da USP, Larissa publicou o atlas *Geografia do Uso de Agrotóxicos no Brasil e Conexões com a União Europeia* em 2017. Um dos trunfos de sua pesquisa foi denunciar os altos índices de resíduos tóxicos encontrados na água utilizada para consumo humano, inclusive em cidades como São Paulo. Outro trunfo foi revelar uma lista de alimentos brasileiros exportados para a Europa com resíduos de agrotóxicos proibidos naqueles países. Ou seja: todo o esforço para aprovar legislações protetivas caía por terra diante do risco iminente de ingerir produtos tóxicos e cancerígenos no café, no milho ou nas frutas tropicais importadas do Brasil, entre eles o Glifosato, da Monsanto, o Paraquat e a Atrazina, ambos da Syngenta.

Em abril de 2019, a pesquisadora foi à Escócia e à Alemanha para lançar uma versão em inglês do atlas e alertar a comunidade internacional sobre esse incômodo paradoxo: por que a Europa proíbe a comercialização desses agrotóxicos e autoriza sua produção? Dessa forma, a União Europeia segue despejando toneladas de veneno em países da Ásia, da África ou da América Latina. A saúde dessas populações não interessa? A repercussão causou o início da perseguição contra ela. Primeiro, ofensas que buscavam desmerecer seu trabalho. Em seguida, intimidação, sobretudo depois que uma rede de supermercados da Escandinávia suspendeu a compra de produtos brasileiros. Sua pesquisa começava a atingir os interesses econômicos das multinacionais de veneno e das grandes empresas exportadoras de carne e grãos.

Ambientalistas e ativistas do direito à alimentação saudável recomendaram que Larissa começasse a variar seus trajetos e horários. Em 2020, ladrões entraram em sua casa e levaram seu computador. Só mais tarde, conforme os sinais foram se acumulando, a geógrafa cogitou que até aquilo poderia ter sido uma ação planejada, uma forma de acessar os dados brutos de suas pesquisas e conhecer os alvos seguintes de suas investigações. Mãe de duas crianças, Larissa não quis mudar caminhos nem alterar a rotina: preferiu aceitar um convite para um pós-doutorado no exterior e se mandou para Bruxelas com a família.

Muitas questões de suma importância são abordadas no trabalho de Larissa, uma entre tantas cientistas alvejadas pela onda negacionista que se apoderou da política no Brasil. Entre 2007 e 2014, período de elaboração da pesquisa, a autora registrou 1.186 mortes diretamente relacionadas aos agrotóxicos, tanto por contato físico, na lavoura ou nas chuvas de veneno, quanto por meio do consumo de água ou alimento contaminados. Uma morte a cada dois dias. Também calculou 25 mil pessoas intoxicadas por ano, incluindo 313 bebês de até 12 meses.

Entusiastas e praticantes da agricultura convencional, em tudo dependente dos fertilizantes e pesticidas químicos, enroscam-se em explicações desconexas. Via de regra, dizem que os agrotóxicos não causam mal a quem os maneja corretamente, seguindo as orientações da bula, como se óbitos e internações ocorressem somente entre agricultores, jamais entre consumidores. E põem a culpa nos pequenos produtores e nos trabalhadores rurais incumbidos de preparar e aplicar o veneno, acusando-os de inaptidão. A culpa nunca é dos empregadores, que raramente provêm capacitação técnica adequada e equipamento de proteção individual (EPI), tampouco das multinacionais que o fabricam.

"O grande problema que nós temos hoje é a conscientização do pequeno produtor, que às vezes não leva em conta o que está na bula:

usar com luva, máscara, uma roupa mais grossa, manga comprida", justificou a ministra Tereza Cristina, em entrevista ao programa *Roda Viva*, em junho de 2019. "Os EPIs que eles são obrigados a usar, muitos pequenos produtores não usam", insistiu ela, useira em responsabilizar os pequenos produtores também pelos desmatamentos na Amazônia. Sobre a contaminação dos alimentos, foi taxativa: "Você pode ter certeza que no seu prato, no meu prato, nos dos meus filhos, nos dos meus netos, não existe resíduo a mais do que pode ser colocado."

Não foi o que mostrou uma pesquisa feita pelo próprio Ministério da Agricultura e revelada em maio de 2022 numa reportagem da Agência Pública e da Repórter Brasil. Mais da metade dos morangos e dos pimentões analisados em 2019 continham quantidade de agrotóxico acima da permitida, assim como 89% das amostras de feijão-de-corda (usado em pratos como o baião-de-dois) e 32% das amostras de feijão comum (o marrom, também chamado de carioca). No ano seguinte, esses percentuais foram respectivamente de 77% e 37%. Outra pesquisa, feita em 2022 pelo Instituto Brasileiro de Defesa do Consumidor (Idec), constatou a presença de agrotóxicos, inclusive de glifosato, em mais da metade das vinte e quatro amostras de alimentos ultraprocessados à base de carne e lácteos analisadas. Em duas marcas de nuggets de frango e em uma de requeijão, a concentração era maior do que a permitida.

Na esteira de tantas informações, a geógrafa Larissa Bombardi chegou à mais incômoda das constatações: "Não é a agricultura que depende da indústria química, é a indústria química que depende da agricultura convencional para se viabilizar", diz a pesquisadora. No limite, ajudamos a enriquecer as multinacionais do veneno sempre que despejamos agrotóxicos na plantação ou adquirimos alimentos com resíduos. O que fazer a partir disso? Depende de nós e das próximas gerações responder à seguinte pergunta: Vale a pena? F

> O Brasil precisa ser dirigido por uma pessoa que já passou fome. A fome também é professora.

Carolina Maria de Jesus, 1960

Fome Zero, dois ponto zero

Fotos: **Sérgio Silva**

"Se, ao final do meu mandato, todos os brasileiros tiverem a possibilidade de tomar café da manhã, almoçar e jantar, terei cumprido a missão da minha vida". Essas palavras foram ditas por Luiz Inácio Lula da Silva ao tomar posse como presidente da República, em 1º de janeiro de 2003. No dia 30 daquele mês, foi lançado oficialmente o Programa Fome Zero, uma promissora política de transferência de renda, com dotação orçamentária de R$ 1,8 bilhão para o primeiro ano (R$ 5,5 bilhões em valores de 2022, atualizados pelo IPCA).

Entre muitas ações, o Fome Zero concedia benefício de R$ 50 (R$ 150 em valores de 2022) a 1,5 milhão de famílias, alcançando diretamente 7,5 milhões de pessoas. Tanto o valor pago quanto o número de pessoas atendidas cresceriam com o tempo. Até outubro, quando foi substituído por outro programa social, mais amplo, o Bolsa Família, o Fome Zero chegou a 11 milhões de pessoas, em 2.369 municípios.

Versão 3

PROJETO FOME ZERO

DOCUMENTO-SÍNTESE

OUTUBRO/2001

UMA PROPOSTA DE POLÍTICA DE SEGURANÇA ALIMENTAR PARA O BRASIL

INSTITUTO CIDADANIA

FOME 0
Projeto Fome Zero

FUNDAÇÃO
Fundação Djalma Guimarães

REPRODUÇÃO

Os pilares para a implantação do Programa Fome Zero, em janeiro de 2003, foram consolidados em 2001 neste projeto do Instituto Cidadania

O objetivo do Fome Zero era garantir segurança alimentar aos 46 milhões de brasileiros que sobreviviam com menos de US$ 1 por dia. Os R$ 50, oferecidos na forma de cartão-alimentação para as famílias de baixíssima renda que mantivessem as crianças na escola e as vacinas atualizadas, eram uma parte do programa. Havia um total de sessenta ações, entre as quais o apoio à agricultura familiar e à construção de cisternas, o aumento do valor per capita destinado à compra de alimentos para a merenda escolar e a preferência por fornecedores locais de agricultura familiar. A maior parte das iniciativas já constava do esboço preliminar do programa, um projeto elaborado entre 2000 e 2001 no âmbito do Instituto Cidadania, organização da sociedade civil mais tarde transformada em Instituto Lula, sob a coordenação do então pré-candidato e do economista José Alberto de Camargo, conselheiro do Instituto.

Vencidas as eleições, Lula chamou o agrônomo José Graziano da Silva, coordenador técnico do Projeto Fome Zero, para assumir o Ministério Extraordinário de Segurança Alimentar e Combate à Fome, o MESA, uma das pastas criadas pelo novo governo. Em 2012 ele viraria diretor da Organização das Nações Unidas para Agricultura e Alimentação (FAO). Para cuidar da mobilização social do programa, convidou o frade dominicano e escritor Frei Betto, com ampla experiência em organização popular e colaborador assíduo do Instituto.

Passados vinte anos desde o lançamento do projeto, reunimos os três para uma conversa sobre segurança alimentar, a aventura de enfrentar a desnutrição e a pobreza extrema num país tão desigual, o feito de tirar o Brasil do mapa da fome da ONU e as perspectivas de retornar às trincheiras tanto tempo depois. O encontro aconteceu em São Paulo, em dezembro de 2021, e foi mediado pelo jornalista Camilo Vannuchi, um dos autores deste livro. Os principais trechos das duas horas de conversa estão reproduzidos nas próximas páginas.

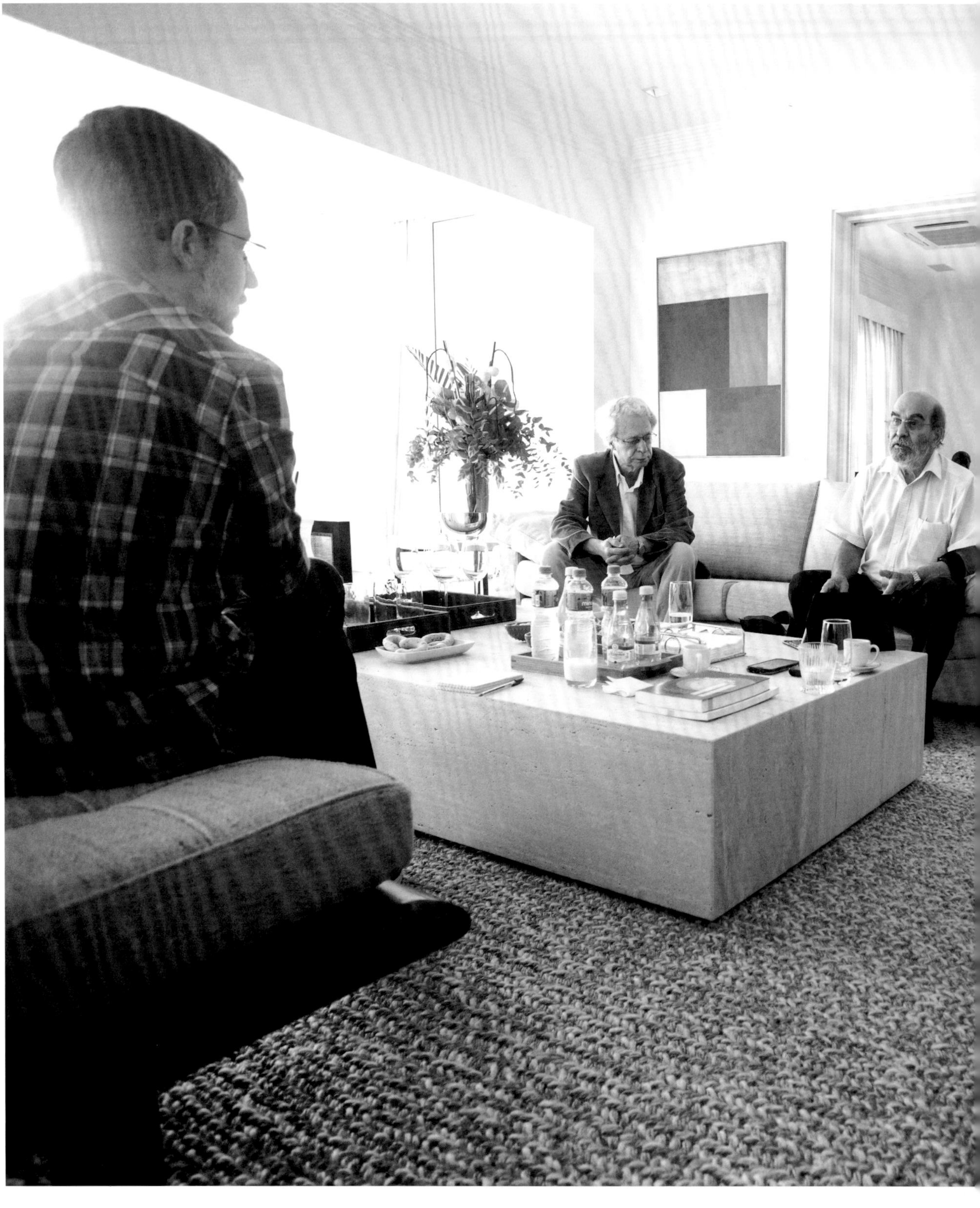

Nos vinte anos do Fome Zero, reunimos (da dir. para a esq.), dois coordenadores do projeto, José Alberto de Camargo e José Graziano, e o assessor especial Frei Betto, responsável pela mobilização social do programa, em 2003.
A conversa foi mediada pelo jornalista Camilo Vannuchi

Vannuchi – Vou dar a largada pedindo para vocês contarem como nasceu o Projeto Fome Zero. O Instituto Cidadania já havia elaborado outras propostas de políticas públicas ao longo dos anos 1990, como o Projeto Moradia, precursor do Programa Minha Casa, Minha Vida, e outros, em áreas como Segurança Pública, Energia Elétrica e Juventude. Camargo propôs retomar o tema da segurança alimentar, que já tinha sido objeto de um projeto elaborado anos antes, entre 1991 e 1992. Desta vez, a meta seria gerar subsídios para a implantação de uma política que contribuísse para garantir à população mais vulnerável o mínimo de calorias e de nutrientes diários. Confere?

Graziano – Nesta semana fiz uma pesquisa para precisar essas datas, porque a memória vai embaralhando. Por isso vou ficar com o tablet aqui comigo. A narrativa que me pareceu mais precisa está no Memorial da Democracia, um site dentro do site do Instituto Lula. E lá diz assim: "O embrião de uma Política Nacional de Segurança Alimentar começou a ser gestado em 1991, por meio de proposta apresentada pelo Governo Paralelo (*primeiro nome do Instituto Cidadania*), criado após a eleição de Collor (*Fernando Collor de Mello, presidente eleito em 1989*). A proposta veio assinada por Luiz Inácio Lula da Silva e por José Gomes da Silva e entregue a Itamar Franco, que substituíra Collor (*após renunciar para tentar se livrar de um processo de impeachment, em 1992, Collor foi substituído pelo vice, no cargo entre 1993 e 1994*)."

Vannuchi – José Gomes da Silva era seu pai. Estamos falando de um projeto de segurança alimentar elaborado no Governo Paralelo, escritório que Lula montou após perder a eleição de 1989, inspirado no *Shadow Cabinet* (gabinete sombra) de Londres, órgão que o Estado inglês mantém sob a liderança do candidato derrotado na eleição anterior.

Graziano – Isso. O meu pai era, na época, uma grande referência para o Lula. Ele nunca foi petista, mas sempre foi lulista, um dos primeiros.

Vannuchi – José Gomes da Silva foi agrônomo, secretário do Franco Montoro (*governador de São Paulo de 1983 a 1987*) e integrou o governo Sarney (*presidente da República de 1985 a 1990*), estou certo?

Graziano – Secretário de Agricultura do Montoro, presidente do Incra (*Instituto Nacional de Colonização e Reforma Agrária*) do Sarney e grande defensor da reforma agrária. Em 1989, fomos esperar a apuração dos votos na fazenda da minha família, em Pirassununga (SP). Meu pai levou o Lula, a Marisa (*esposa do Lula e ex-primeira-dama, falecida em 2017*), o grupo mais íntimo, e ficamos esperando o resultado lá. Foi onde o Lula ouviu falar pela primeira vez na existência do *Shadow Cabinet*. Naquele tempo, o resultado da apuração demorava para sair, porque o voto era em papel e a contagem era manual. Até que o Plínio de Arruda Sampaio (*dirigente do PT, já falecido*) ligou: "Olha, as projeções indicam que não vai dar". Foi aquele banho de água fria. Bebeu-se tudo que tinha álcool na casa (*risos*). No dia seguinte, aquele baixo astral. Eu estava me preparando para embarcar para Londres, com uma bolsa de estudos para um pós-doutorado, e contei sobre o *Shadow Cabinet*: "Uma das coisas que mais me impressionaram lendo sobre Londres é que lá a equipe do candidato que perde não arruma as malas e vai embora; o pessoal continua ativo, fiscalizando, cobrando o governo e confrontando projetos". Lula deu um estalo: "Pô, Graziano, por que você não faz isso?" Eu precisava embarcar naquela semana, mas mandei material de lá. E o Lula deu uma entrevista na semana seguinte anunciando que manteria a equipe para cobrar e elaborar propostas. Aí ele formou o grupo, convidou os assessores, e nós começamos os projetos.

Vannuchi – O primeiro projeto, coordenado por José Gomes da Silva, resultou no documento Política Nacional de Segurança Alimentar, apresentado ao Itamar. Havia o entendimento de que não era certo esperar a eleição seguinte para começar a resolver o problema da fome apenas em

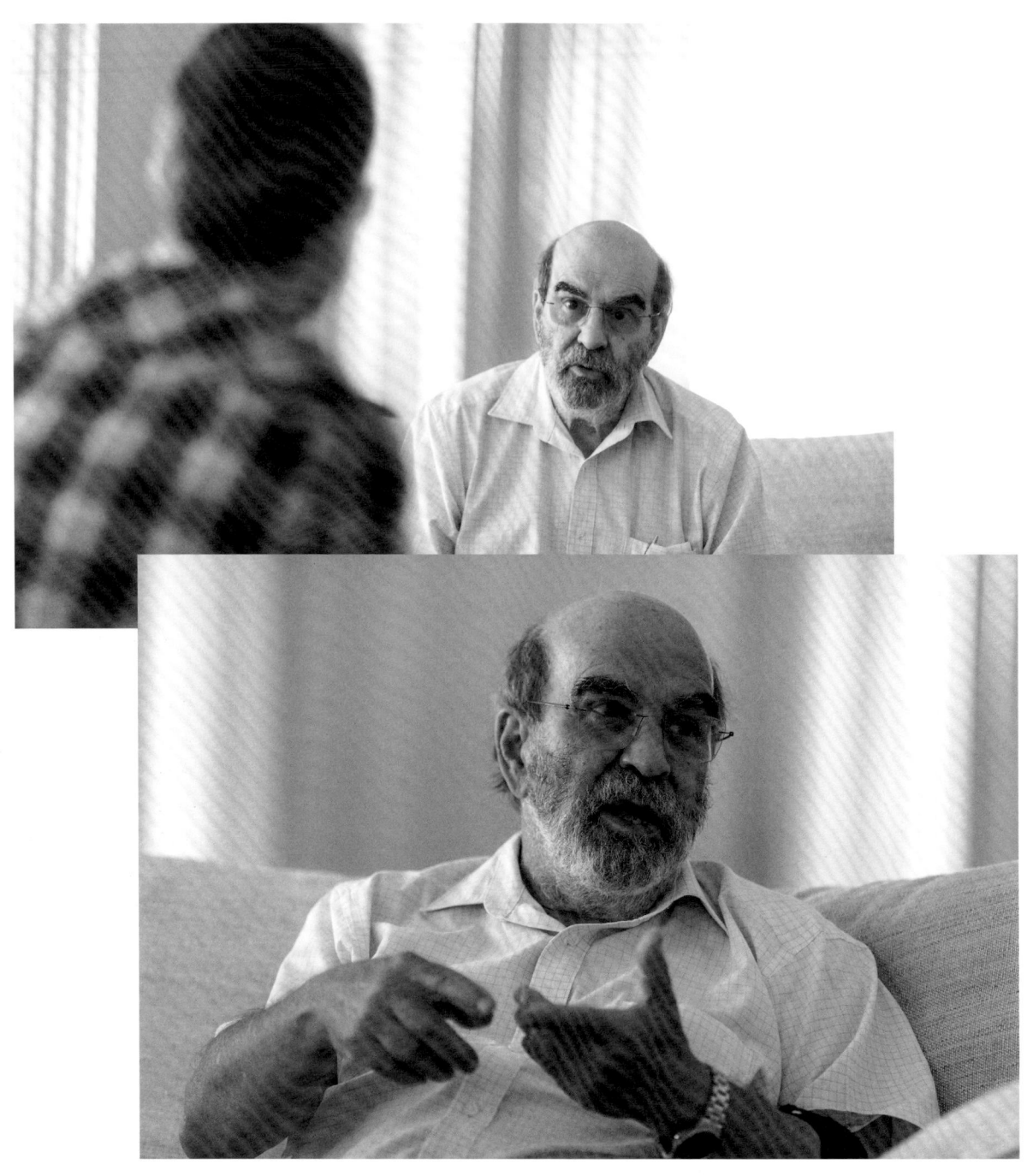

Ministro do Combate à Fome no Governo Lula, Graziano dirigiu a FAO de 2012 a 2019. Ele diz que, no futuro, "uma das prioridades deverá ser a educação alimentar"

caso de vitória. "Quem tem fome tem pressa", dizia o sociólogo Betinho, que assumiu a mobilização social numa grande campanha, liderada pela Ação da Cidadania contra a Fome, a Miséria e pela Vida. O projeto Fome Zero, de 2001, aproveitou coisas dessa proposta de 1991?

Graziano – Aproveitou o conceito. E o argumento de que acabar com a fome passava por transformar uma questão que era tratada como um problema somente de nutrição numa questão maior, de responsabilidade política. No Governo Paralelo, o Zé Gomes assumiu a coordenação de segurança alimentar e combate à fome e foi uma equipe trabalhar com ele. Meu pai sempre foi um cara extremamente agregador. Ele juntou três grupos: um do Paraná, com Horácio Martins Carvalho, José Roberto Escórcio e outros; outro grupo do Rio de Janeiro, com o Betinho, o Chico Menezes (*do Ibase*) e o Renato Maluf (*da UFRRJ*); mais o grupo da Unicamp, que era formado pelo Walter Belik, pela Maya Takashi e por mim. Eu era professor titular, o Belik era meu assistente e a Maya era orientanda do Belik numa tese sobre segurança alimentar. Nós três, da Unicamp, assumimos a coordenação técnica do projeto. E a ideia central veio do Lula: "Vamos recolher as experiências que vimos dar certo nas Caravanas da Cidadania".

Vannuchi – Lula e equipe haviam passado parte de 1993 e 1994 viajando o país e conhecendo as dificuldades, as demandas e as aspirações das pessoas em cada comunidade.

Graziano – Nas caravanas, chegávamos a uma cidadezinha e uma das primeiras reivindicações que ouvíamos era não ter mercado. A população não tinha renda e, sem dinheiro, não há quem possa comprar os produtos. Então você perguntava para o agricultor familiar: "Qual é o seu problema?" "A gente não tem para quem vender", ele respondia. Então precisava achar quem comprasse. E quem é que compra? Quando não tem dinheiro, tem que fazer o Governo comprar. O Governo compra muito alimento, para hospitais, para o Exército, para merenda escolar. Então nós resolvemos incidir sobretudo na merenda.

Camargo – Só o Exército tem que alimentar mais de 210 mil pessoas todos os dias.

Vannuchi – Agora, a escola, o hospital e o Exército sempre consumiram alimentos. Qual foi a mudança que vocês operaram? O que foi priorizado? Produtores locais, agricultura familiar?

Graziano – Foi uma luta que você nem imagina... Tudo que o Governo compra tem que passar por uma licitação. E a licitação é uma forma de fazer o grande ganhar e o pequeno ser excluído. Com seis mil e tantos municípios e localidades que tinham escola no Brasil, havia uma licitação única para merenda escolar. E ganhavam sempre os supermercados gigantes. Sabe o que vinha na merenda? Em janeiro de 2003, visitei uma escola em que a merenda escolar tinha o seguinte cardápio: um copo de leite em pó reconstituído e cinco bolachinhas, sendo três salgadas e duas doces. Essa era a merenda escolar no Brasil inteiro: na tribo indígena, no Ceará, na Amazônia, no Rio Grande do Sul, em São Paulo. Então o que nós fizemos? Primeiro, consegui fazer com que a merenda tivesse uma licitação própria, com regras próprias. Segundo, descentralizar, permitir que o diretor da escola pudesse fazer esse processo de uma maneira simplificada. Isso teve que ser aprovado no Congresso Nacional e virar lei. Algo como "ficam excluídos da licitação para merenda escolar os produtos frescos da agricultura familiar, comprados localmente." Aprovado isso, desenvolvemos softwares e todo um processo para treinar as prefeituras a fazer a compra local. Você imagina a dificuldade disso? Vou contar só duas coisas que me impressionaram muito. Primeiro, a agricultura familiar nesses locais pequenos vendia excedente, só que esse excedente era esporádico, você não tinha excedente o ano inteiro, porque a agricultura é extremamente sazonal, então tinha época que faltavam produtos. E você não podia dar na merenda um dia e não dar no outro. Então, até criar um cardápio que fosse adaptado às safras, e fazer com que a oferta do agricultor fosse constante... "O senhor vai me entregar ovos; quantos ovos o senhor vai me entregar?" "Ah, mas eu só tenho três galinhas, quando uma estiver chocando, eu não posso entregar." "Então o senhor não pode ter três galinhas, o senhor precisa ter dez galinhas." Entende? Tivemos de desenvolver uma forma de regularizar a oferta, por meio de incentivos e auxílios numa primeira etapa.

Vannuchi – O pequeno produtor passou a ter uma compra garantida?

Graziano – Sim, um mercado garantido. Com preço justo. A última briga que eu me lembro, você não vai acreditar, foi com as merendeiras. Como era antes? Ela recebia um pacotinho congelado, botava numa panela de água fervendo, estava feita a sopa das crianças. Agora, ela recebia um maço de cenoura sujo de terra, mais um de repolho, outro de espinafre. Elas passaram a cozinhar, a preparar a merenda para valer. São muitos detalhes para conseguir uma base de sustentação social e política para um projeto desse tipo. E nós fomos criando, compilando experiências. Houve experiências maravilhosas. Em Belo Horizonte tinha um restaurante popular, que funcionava muito bem e custava R$ 1 a refeição.

Camargo – Eu comi uma vez lá.

Graziano – Depois o Frei Betto nas suas mobilizações criou o conceito de "cozinha comunitária", que foi uma coisa que deu certíssimo. Você dava os equipamentos, as panelas, e as mulheres da própria comunidade se organizavam para cozinhar e servir. Horta comunitária: você tinha um terreno baldio, isentava o cara do IPTU se ele cedesse para fazer uma horta. São várias iniciativas que foram dando certo.

Vannuchi – Quais foram as políticas estruturais e as políticas específicas propostas pelo Projeto Fome Zero? Como se deu essa elaboração?

Graziano – Passamos a sistematizar o repertório de experiências que haviam dado certo. Havia prefeituras que faziam compras da agricultura familiar, por exemplo. Então nós íamos lá fotografar, fazia um seminário etc. "Essa é uma política que dá certo se fizer isso e aquilo." Isso tudo que estou te contando foi feito no Instituto Cidadania, durante a formulação. Depois essa equipe de coordenação sentou e formulou as bases do projeto agregando esses componentes estruturais e macroeconômicos. Porque nós tínhamos compromissos históricos que não íamos jogar fora, como a reforma agrária. O Projeto Fome Zero não veio para substituir a reforma agrária, mas para colocar a reforma agrária dentro do contexto de combate à fome, orientada para a produção de alimentos de qualidade. Esse era um dos componentes macroeconômicos fundamentais. Outro era gerar empregos. E um terceiro, que eu considero o mais importante, elevar o poder de compra do salário-mínimo. Na época, havia uma campanha, liderada pelo senador Paulo Paim, para que o salário-mínimo passasse a valer US$ 100.

Vannuchi – Ele chegaria a US$ 200 em 2008 e a US$ 300 em 2011.

Graziano – Pois é. Veja o que era o salário-mínimo na época: era um salário de miséria (*equivalia a US$ 73 em 2003*). E o que era importante no salário-mínimo? O valor legal do salário-mínimo era referência para uma série de remunerações, não apenas para quem ganhava um salário-mínimo. A faxineira e o cara que faz bico calculavam o preço da sua hora com base no salário-mínimo. Isso ainda é comum. E alguns contratos de trabalho eram de cinco salários-mínimos, dez salários-mínimos. Então, elevando o salário-mínimo, elevavam-se os salários em geral. E a gente tinha clara a ideia de que, para combater a fome, era fundamental colocar mais dinheiro nas mãos das pessoas, para que elas pudessem

Camargo foi um dos
coordenadores do projeto
Fome Zero, de 2001. A meta era
garantir o mínimo de calorias
e de nutrientes diários para
superar a insegurança alimentar

comprar alimento. Essa era a ideia. Também havia ênfase no aumento da produção, mas no aumento da produção da agricultura familiar, de produtos saudáveis, frutas, verduras, legumes etc. Não qualquer alimento. E mais: as políticas sociais e as políticas de segurança alimentar são coadjuvantes no processo, porque os atores principais são a geração de empregos e o crescimento. Se não houver um modelo econômico inclusivo, não há política compensatória que resolva. Então você tinha um conjunto de políticas estruturais que iam mudar o modelo de crescimento do país, com reforma agrária, melhoria da distribuição de renda, aumento do poder aquisitivo, geração de empregos de qualidade etc.

Vannuchi – Vocês falam inclusive em renda-mínima no projeto. As políticas estruturais listadas no sumário eram reforma agrária, incentivo à agricultura familiar, emprego, bolsa-escola e renda-mínima. Depois tem as políticas específicas: cupom alimentação, merenda escolar... Depois a renda-mínima virou um tema do Eduardo Suplicy.

Graziano – O Suplicy fazia parte dos grupos de trabalho, estava sempre nas discussões. Nós tínhamos uma reunião mensal e levávamos as ideias para casa. Quem carregou o piano foram o Belik, a Maya e eu, desde a origem. No início dos anos 1990, nós três havíamos organizado um seminário sobre pobreza rural e combate à fome que lançaria as bases do projeto Fome Zero. Trouxemos gente dos EUA para falar sobre o Food Stamp. O Cartão Fome Zero é uma cópia do Food Stamp. E aí eu fui passar três meses nos EUA estudando o Food Stamp.

Frei Betto chega ao apartamento.

Vannuchi – Frei Betto, a gente estava conversando sobre o Projeto Fome Zero, de 2001, elaborado no Instituto Cidadania, com a coordenação geral do Camargo e do Lula e a coordenação técnica do Graziano, do Belik e da Maya. Perguntei quais eram as políticas estruturais e quais eram as políticas específicas. Graziano estava descrevendo algumas das ações prioritárias. Eu li no projeto que, em 2001, havia 9,3 milhões de famílias que ganhavam menos de US$ 1 por dia, que era a linha de pobreza estabelecida pelo Banco Mundial. Isso melhorou ou piorou?

Graziano - Naquela época não existia um indicador de fome. Quantificar a fome é quase impossível. A FAO adotava uma metodologia em que ela calcula quanto o país produz, tira o que exporta, tira o que perde, divide pela população e vê se dá 2.200 kcal por pessoa por dia. E aplica os índices de distribuição da renda para chegar ao percentual da população que não consegue comprar aquelas 2.200 kcal.

Camargo – Esses são os que passam fome?

Graziano - São os que passam fome. Até eu chegar à FAO, só existia esse indicador. Aí nós criamos um indicador, em 2003, no MESA (*Ministério Extraordinário de Segurança Alimentar e Combate à Fome*), e contratamos o IBGE para testar. O primeiro diagnóstico, publicado em 2004, foi de que havia 65% da população brasileira com segurança alimentar. Outros 14% viviam com insegurança alimentar leve, que é aquela que o cara não tem dinheiro para comprar o alimento que gostaria de comprar, mas compra de qualidade inferior. Em vez de comprar carne, compra salsicha, por exemplo. Outros 12% tinham insegurança alimentar moderada, que é quando você deixa de comer em quantidade suficiente e não come as três refeições diárias, ou seja, comiam mal. E tínhamos, por fim, 10% da população com insegurança alimentar grave, que é aquela em que você é privado de qualquer alimento.

Camargo – E hoje?

Graziano - Em 2020, a mais recente pesquisa feita no Brasil, usando a mesma metodologia adotada no MESA em 2014, o que nos permite

À frente da mobilização social do Fome Zero, Frei Betto buscou recursos para formar comitês gestores, disciplinar os cadastros e pautar a sociedade civil sobre a urgência do tema

comparar, mostrou 45% da população com segurança alimentar.* É a primeira vez na história do Brasil que menos da metade da população tem segurança alimentar. O número de pessoas que passam fome é mais ou menos o mesmo: eram 10% em 2004 e são 9% agora. O grupo dos que passam fome moderada também é equivalente, com os mesmos 12%. E a fatia da população com insegurança alimentar leve subiu de 14% para 35%. É o cara que come miojo em vez de comer arroz, que come salsicha em vez de comer carne etc. O grande problema é a volta dos que não comem, dos que passam fome. Retornamos aos patamares de 2004. E esse aumento brutal, de 14% para 35%, dos que comem mal, que é uma porta aberta para sobrepeso, obesidade, principalmente nas crianças. Esse é um agravante na fome de 2020. O sujeito come mal, engorda porque ingere muito amido, substâncias não proteicas. E continua com fome.

Frei Betto – Oficialmente, são 19 milhões de brasileiros com fome e 106 milhões com alguma insegurança alimentar*. No mundo, quase 900 milhões. E 2,3 bilhões de obesos exagerados. É outra pandemia.

Camargo – A população mundial é de pouco mais de 7 bilhões. Quase um terço da população mundial é obesa?

Frei Betto – Com obesidade exagerada. Porque o percentual de obesos que não são obesos exagerados é maior.

Camargo – O que significa morrer de fome? A pessoa está no meio da rua e ploft, cai morta?

---

*Graziano e Frei Betto citam números do I VigeSAN, a pesquisa feita pela Rede Penssan em 2020. Conforme detalhado no capítulo anterior, o percentual de pessoas com segurança alimentar cairia de 45% para 41,3% e o total de famintos ultrapassaria os 33 milhões de brasileiros na pesquisa seguinte, o II Vigesan, de 2022, demonstrando o agravamento do cenário. Os novos dados seriam consolidados, analisados e divulgados após esta entrevista.

Graziano – Olha, Camargo, em 2001 a Rede Globo botou no ar uma série de reportagens sobre a fome no Vale do Jequitinhonha (MG). Foi uma série fantástica, feita para o *Jornal Nacional*. O repórter Marcelo Canellas foi fundo e tratou do tema com muita honestidade. No primeiro programa, aparece uma entrevista com uma mulher muito frágil e envelhecida, mostrando uma panela vazia e dizendo: "Olha, eu não tenho mais o que comer, não sei como é que eu vou passar a semana". No dia seguinte, o jornal precisou noticiar que aquela senhora havia morrido, quinze dias após a passagem da equipe de reportagem por sua casa. Sabe por quê? Por falência múltipla de órgãos causada pela desnutrição.

Frei Betto – A fome mata em razão da perda de imunidade. Qualquer gripezinha mata, porque você está vulnerável, não tem defesa.

Graziano – Isso. Quando você começa a perder a capacidade de resistência, seu organismo vai enfraquecendo. Você não morre da fome, você morre de varíola, você morre de gripe, você morre de uma infecção na unha do pé. Qualquer coisa que seria corriqueira, contra a qual o organismo reagiria naturalmente, vira uma infecção. Quando você está debilitado pela fome, você morre. Então a morte de fome é isso.

Vannuchi – Em São Paulo, morre-se de hipotermia também. A pessoa em situação de rua, com fome e frio nas noites de inverno, não tem reservas de energia para queimar.

Frei Betto – Uma coisa que me chamou atenção viajando por aí, lá para a região de Guaribas (PI), é que a fome no Brasil é gorda. Muita gente me dizia: "Mas aqui não tem fome, eu nunca vi uma foto como aquelas das pessoas na África, esquálidas, só pele". O problema é que você vê meninos com a barriga enorme e é pura verminose, ou distúrbios glandulares. Então tem essa característica: a fome no Brasil produz uma anatomia distinta da fome africana.

Graziano – Às vezes tem excesso de açúcar. Criança no campo chupa cana, por exemplo.

Frei Betto – E consome muito carboidrato. Come mandioca, farinha, nada de vitamina. Isso me chamava a atenção. Outro problema é a educação nutricional. Não temos a menor noção do que os alimentos que estamos comendo contêm de mineral, de vitamina. O único lugar em que eu vi alguma cultura nutricional é na China. Bem, eu fui em 1988, todo mundo vestia o mesmo tipo de roupa, a túnica Mao Tsé-Tung. E as pessoas tomavam chá o tempo todo. Aí se aproximava a hora do almoço e trocavam o chá. "Mas por que você está trocando?" "Porque este chá agora é para preparar seu apetite para o almoço". Esse conhecimento, esse manejo dos alimentos, é uma coisa impressionante. Na época do Programa Fome Zero, eu ia às escolas e perguntava: "Como é a aula de educação nutricional aqui?" Não tinha. Quando tinha, era um blefe. As crianças comiam na merenda a mesma porcariada que o camelô vendia na esquina. E zero pedagogia para a criança gostar de legumes e verduras. Quando você possibilita que um menino plante uma horta, a autoestima dele vai lá em cima. Na hora que ele colhe o alface que plantou, ele quer comer. Então, hoje, acho que a gente não pode falar em política de combate à fome sem educação nutricional. Se não, não resolve.

Graziano – Uma coisa que é muito diferente em relação a 2003, e que vai ficar muito mais após a pandemia, é o papel do consumidor. Nossa tradição, desde o tempo dos trabalhos do Josué de Castro, tem sido colocar o foco no aumento da produção. Nós nunca demos bola para o consumidor, achando que, se tiver o produto, o cara vai saber escolher. Não vai! Principalmente porque as nossas tradições culinárias são reduzidas. Na população pobre, come-se o que tem, o que dá para comprar, entende? Você viu a mulher que foi presa? Ela entrou no supermercado e saiu com dois pacotes de miojo e uma Coca-Cola.

O jornalista Camilo Vannuchi, coautor deste livro, mediou a conversa. "O que precisaria ser incorporado a uma nova edição do programa, uma espécie de Fome Zero 2.0?"

Vannuchi – E um pacote de Tang, que é um pó colorido que você mistura na água para fazer um suco artificial.

Graziano – Ela teve a oportunidade de escolher o que ia roubar e optou por miojo, refrigerante e Tang. É a mesma coisa que um ladrão entrar numa joalheria e pegar uma bijuteria. Nós falhamos muito nisso. Primeiro, porque não fortalecemos a organização de consumidores. Fora o Idec (*Instituto Brasileiro de Defesa do Consumidor*), o Brasil não tem nada de defesa do consumidor. Segundo, porque não houve uma ação de Governo. O próprio Programa Fome Zero terceirizou os programas de educação alimentar para o Canal Futura.

Vannuchi – Programas de TV periódicos sobre educação alimentar?

Graziano – Nós fizemos. Mas ninguém viu. Embora seja do Grupo Globo, o Canal Futura é muito restrito. Então esse é um componente. O consumo consciente, a ideia de que comer é um ato político, tem que ser o centro do novo programa de combate à fome. Ele não pode ser igual ao que fizemos há vinte anos.

Vannuchi – Em 2003, como vocês desenvolveram a forma de selecionar as famílias e de fazer o benefício chegar à população mais vulnerável?

Frei Betto – Uma primeira decisão que tomamos foi que o dinheiro iria para a mulher, e não para o homem.

Graziano – Fizemos uma pesquisa logo no começo e chegamos à conclusão de que entre 20% e 25% do dinheiro desaparecia entre o momento em que o homem recebia o benefício e a hora em que ele chegava em casa. Ele gastava até um quarto do valor depositado no cartão.

Frei Betto – Também definimos que nada passaria pelas prefeituras, nem o cadastro nem os benefícios. Passaria por um comitê gestor que nós conseguimos implantar em metade dos municípios brasileiros no prazo de um ano. Esse comitê gestor era integrado por representantes da sociedade civil local, principalmente sindicatos e movimentos populares. O comitê fazia o cadastro, investigava se de fato a família precisava.

Graziano – Por que nós inventamos isso? Não queríamos deixar passar pelo prefeito para evitar fraudes. As primeiras listas que nós recebemos com nomes dos beneficiários em potencial dos cartões Fome Zero, antes de formarmos os comitês gestores, começavam com a família do prefeito. Então nós inventamos isso. E o Betto liderou a formação desses comitês. Lembro que juntava o padre, o presidente do sindicato... Estamos falando de município com menos de 50 mil habitantes, que eram a meta do Fome Zero. Aí que veio a ideia de fazer um comitê. "A gente dá internet para eles, eles mandam a lista para a gente, checam a lista elaborada pelo prefeito, tiram quem precisar tirar."

Frei Betto – Não demorou para começarem os problemas. Essas figuras do comitê gestor passaram a despontar no município e a ameaçar as oligarquias tradicionais. "Esses caras do comitê gestor vão ser candidatos a prefeito e vão desbancar a gente, vão ser candidatos a vereador e vão desbancar a gente", diziam. Existe uma associação nacional de prefeitos. Eles se articularam, foram até a Casa Civil e disseram para o Zé Dirceu: "Ou acaba com o comitê gestor ou nós acabamos com o Governo na base." Aí foi um pau danado. Até que acabaram com o Fome Zero, fecharam os comitês gestores e criaram o Bolsa Família. O prefeito voltou a cuidar da lista. Aí ele inclui os cabos eleitorais, o afilhado, o compadre. Peguei o meu boné e vim embora.

Vannuchi – Mas o Bolsa Família continuou sendo destinado prioritariamente às mulheres (*o programa foi extinto em outubro de 2021*).

Frei Betto – Prioritariamente, sim. Mas relaxou. Tem lugar em que o dinheiro é recebido pelo filho da mulher que deveria ser a beneficiada. E usa para comprar drogas, aquela história que você conhece.

Vannuchi – Do ponto de vista executivo, o Fome Zero foi formatado entre a eleição e a posse. Qual foi o orçamento do programa em 2003?

Graziano – Bom, faltava menos de um mês para a posse, durante a transição, quando o Lula resolveu criar um ministério para implementar as medidas do Fome Zero, que estavam dispersas. Nutrição estava na Saúde, o Bolsa-Escola estava na Educação. "Vamos botar um ministério para coordenar o programa e se relacionar com o Consea (*Conselho Nacional de Segurança Alimentar*), que vai ser a cabeça." Surgiu o Ministério Extraordinário de Segurança Alimentar e Combate à Fome, que eu assumi. E foi esse ministério que recebeu o dinheiro. Sabíamos que seria necessário pelo menos R$ 1 bilhão. Sem isso, não daria para fazer nada. De onde tirar o dinheiro? Aí a Maya garimpou o orçamento aprovado para 2003 e descobriu uma dotação orçamentária de R$ 2 bilhões para um submarino nuclear desenvolvido pela Marinha em Iperó (SP). A Presidência da República remanejou esses R$ 2 bilhões para que fossem para o Fome Zero. Uma parte, mais ou menos R$ 1 bilhão, foi para o cartão. Outra parte iria para a mobilização social, que tinha como finalidade fornecer uma base de apoio aos comitês gestores.

Frei Betto – Mas essa era a previsão orçamentária, porque a mobilização nunca recebeu esse dinheiro. Eu passei dois anos sem receber um tostão do Governo. O que nós recebemos veio da iniciativa privada.

Vannuchi – Houve uma campanha por doações?

Frei Betto – Houve algumas contribuições simbólicas na largada, como essas que apareceram durante a pandemia de Covid. Em 2020, todo dia o *Jornal Nacional* mostrava empresas que haviam doado não sei quantas cestas básicas e apareciam na televisão. Mas, ao longo da execução do projeto, nunca chegou um centavo do Governo ao gabinete de mobilização social, que eu coordenava. Quem manteve o gabinete? O Camargo, que está aqui, a Milu Villela e o Bumlai, que foram os três principais apoiadores, e mais meia dúzia de pessoas da minha amizade, que se encantaram com o programa e davam recursos. Eu precisava de tantas cartilhas, mandava o arquivo e pedia para imprimirem. Precisava trazer tantos educadores do Nordeste para um encontro, eles mandavam as passagens. Nunca aceitei dinheiro.

Vannuchi – E como foi o início do programa, as primeiras ações?

Graziano – Nós decidimos fazer um teste. E aí veio o Wellington Dias, que tinha acabado de ser eleito governador do Piauí, e disse: "Olha, a cidade mais pobre que eu conheço do Brasil chama-se Guaribas, vão lá ver." Mandamos uma equipe. Eram 600 casas de pau-a-pique. Não tinha água, não tinha luz, não tinha esgoto, não tinha nada. "Se der certo em Guaribas, vai dar certo em qualquer lugar", pensamos. Vamos começar por Guaribas.

Vannuchi – Foi um piloto?

Graziano – Foi. Os resultados de Guaribas são impressionantes. Meses depois, nós erradicamos a mortalidade infantil no município, simplesmente levando água e comida. Quando anunciamos que a população local receberia o cartão Fome Zero, houve descrédito. "Ah, mas não tem supermercado, não tem onde comprar comida", diziam. No dia em que o dinheiro caía no cartão, caminhões chegavam para abastecer a população. As pessoas podiam comprar desses fornecedores, como numa feira livre. Aí começou a agricultura familiar, e começou uma série de outras coisas. Formou-se um círculo virtuoso e o dinheiro passou a circular na comunidade. Em seis meses, mudou a cara de Guaribas. Esse piloto começou a ser reproduzido nos municípios com menos de 50 mil habitantes. Aí a pressão política nos fez aumentar para 100 mil e terminamos implementando o Fome Zero nos municípios com até 150 mil. Nosso grande medo era aumentar demais a escala. Para distribuir cinquenta mil cartões, a gente demorava um mês, entre checar as famílias, ir lá ver, entrevistar, mandar relatório, às vezes sem internet, em condições muito precárias. Quando entra a estrutura da Caixa Econômica para operar o cadastro bancário, isso permitiu ganhar massividade e por isso o número de beneficiados saltou de 1,3 milhão no Fome Zero para 14 milhões no Bolsa Família, ainda no governo Lula.

Vannuchi – Dez anos depois da implantação do Fome Zero o Brasil saiu do mapa da fome. Como um país sai do mapa da fome?

Graziano – O primeiro mapa da fome do Brasil foi elaborado por Josué de Castro. É impressionante a similaridade do mapa da fome do Josué de Castro com o mapa de 2020 da VigiSAN, um projeto de vigilância feito pela Rede Penssan (*Rede Brasileira de Pesquisa em Soberania e Segurança Alimentar*). O Nordeste e o Norte pintados de vermelho, com fome; o Centro-Sul pintado de amarelo. Até 2015, a meta da FAO não era erradicar a fome, mas reduzir a fome à metade, conforme previsto nos Objetivos do Milênio da ONU. O Fidel Castro dizia: "E o que nós vamos dizer para a outra metade?" Então, a FAO levantava os dados, organizava as estatísticas e o país figurava em vermelho se houvesse mais de 5% da população com fome. Com menos de 5%, a fome era considerada erradicada. Lembro de um dia em que falei isso para o Raul Castro e ele deu um pulo: "Cinco porcento?" Mas não é que tem 5% da população com fome. Cinco porcento é um erro amostral: 2,5% para mais ou para menos. Então se estabeleceu 5% como margem de erro e, acima disso, temos certeza de que há fome no país. Desde 2015, a meta da FAO não é mais reduzir a fome à metade, mas erradicar a fome.

Vannuchi – A partir de 2014 a situação voltou a piorar?

Graziano – Os dados foram compilados em 2013 e o mapa foi produzido em 2014. Em setembro de 2014, entreguei o mapa para a presidente Dilma na Assembleia Geral da ONU, em Nova York, com a fome no Brasil abaixo de 5%. Segundo o IBGE, que usa a mesma metodologia da FAO, em 2018 já eram 8% da população com fome. Então, teoricamente, o Brasil teria voltado ao mapa da fome em 2018.

Vannuchi – Por que o cenário positivo de 2013 não se manteve? O que aconteceu para desandar?

Graziano – Houve uma crise econômica e política.

Frei Betto – Aí eu tenho uma crítica de fundo. O Fome Zero era emancipatório e o Bolsa Família é predominantemente compensatório. Dentro do Fome Zero, nós tínhamos mais 60 programas que permitiriam à família beneficiária, em três ou quatro anos, estar em condições de produzir a própria renda. O Bolsa Família dá o dinheiro, tem lá umas condicionalidades, frequência escolar, vacina em dia, mas não capacita as pessoas. Tanto que a principal crítica que eu tenho aos 13 anos de governos do PT é que nós criamos uma nação de consumistas. As pessoas iam com R$ 20 na feira e traziam uma sacola cheia. Ótimo, mas não fizemos educação política. E como nós abandonamos as bases populares, porque fomos alçando essas liderançasaos governos municipais, estaduais e federal as lideranças formadas nas bases populares, ficou um vazio, ocupado pelo fundamentalismo religioso, pelo narcotráfico e pelas milícias. Hoje não é fácil voltar para as bases. As centrais sindicais representam o quê? Quem elas mobilizam? Ninguém. Nossas manifestações de rua têm sido insignificantes em comparação com as que aconteceram, por exemplo, em junho de 2013. Não formamos, não criamos protagonismo político. Essa, para mim, é a grande falha do

Bolsa Família. Foi bom? Foi bom! Melhor ter um Bolsa Família do que nada. Mas o Programa Fome Zero era emancipatório.

Graziano – Eu acrescentaria dois pontos para reforçar isso que o Betto disse. O Fome Zero era um programa de governo, o Bolsa Família é um programa do Ministério de Desenvolvimento Social. É setorial.

Vannuchi – Apesar das condicionantes em Saúde e Educação?

Graziano – São apenas condicionantes, não chegam a articular estas áreas. O Fome Zero combinava ações dos diferentes ministérios. Acho que a segunda diferença importante foi que, além de ser um programa de governo, era uma ideia de um direito que o sujeito estava tendo, o direito humano à alimentação. "Como posso reivindicar meu direito à alimentação?" Não é a mesma coisa que receber uma transferência compensatória. Acho que isso faz diferença nas discussões políticas e na cultura das pessoas que recebem o benefício: "Não estou recebendo porque sou pobre, estou recebendo porque tenho direito de comer bem."

Vannuchi – Em meados dos anos 1990, os jornais exploraram bastante o fato de o povo pobre do Semiárido precisar caçar calangos e cozinhar palma forrageira, uma espécie de cacto, para driblar a fome. Hoje temos uma situação que me parece pior, ou desumanizada, que é a disputa por ossos, a busca por comida nos lixões.

Graziano – Verdade. Aliás, palma é uma boa refeição, muito utilizada no sertão. E o problema não era comer calango, mas o fato de que, com a seca, os calangos foram embora e não tinha mais calango para comer. Calango é parte do menu do sertanejo desde Josué de Castro, que elogiava o sertanejo por comer calango e palma, porque eram alimentos que supriam em grande parte a necessidade de proteína e de vitaminas. Agora, é tanta miséria e tanta seca que acabaram até os calangos.

Vannuchi – Bom, estamos caminhando para o final da nossa conversa e eu queria perguntar o que vocês atualizariam num programa equivalente ao Fome Zero que viesse a ser implementado a partir de 2023. Por exemplo, agricultura familiar é um tema que aparece no Fome Zero de vinte anos atrás. Mas não aparece agroecologia. Nem agrofloresta. Hoje temos uma conjuntura de mudanças climáticas, solo exaurido, agrotóxicos despejados por drones adoecendo crianças e contaminando lençóis freáticos. O que precisaria ser incorporado no "Fome Zero 2.0"?

Frei Betto – Eu replicaria tudo aquilo que a gente fez com um adendo importantíssimo: a integração do MST (*Movimento dos Trabalhadores Rurais Sem Terra*) como um dos monitores do programa, porque as experiências de assentamento do MST são absolutamente exitosas. Hoje o MST é o maior produtor de arroz orgânico de toda a América Latina. E tem outras tantas coisas boas. O tema da sustentabilidade, o MST também é um exemplo nisso. Eu integraria fortemente. Para você ter uma ideia, acabo de visitar as fincas, que são as chácaras agroecológicas de Cuba. Tem muita semente que o MST envia para lá.

Vannuchi – Semente é um tema da maior importância, sobretudo com o avanço das espécies geneticamente modificadas. E você, Graziano?

Graziano – Olha, eu acho que, agora, tem uma estrutura montada. Tem o Cadastro Único, o Bolsa Família com uma capilaridade enorme, a Caixa... O Governo sabe fazer transferência de renda, algo que, naquela época, gerou uma oposição duríssima. "Imagine dar dinheiro para pobre através de um cartão magnético, isso vai ser uma falcatrua sem fim." Tivemos muitos problemas de alcoolismo, de prostituição, tive que enfrentar tribunal superior em contestações. Hoje tem uma estrutura assentada. Por outro lado, ficou mais difícil, porque a dimensão do problema é muito maior. Temos hoje muito mais insegurança alimentar do que tínhamos vinte anos atrás. E temos uma dimensão nova, com a qual ainda não sabemos lidar, que é a obesidade. Fome e obesidade formam uma dupla destrutiva, que compromete gerações futuras. As crianças não se desenvolvem plenamente se forem obesas. Tem também o problema da coordenação. Será preciso revitalizar o Consea. Nós temos hoje a felicidade de ter Consea nos estados e municípios, mas tem que cuidar de algumas coisas. Estamos fazendo um programa de treinamento dos conselheiros do Consea, porque são voluntários, entende? Uma vantagem é o uso da tecnologia. Antes não tinha internet. Hoje é muito mais fácil operar uma planilha e atualizar, tudo online. Tem essa dimensão, que eu já mencionei, do consumo. O consumo consciente precisa estar no lugar que estava o aumento da produção. Não é comer, é comer de forma saudável. Infelizmente, nós continuamos pensando que o problema é que nós exportamos demais arroz, por isso falta arroz aqui. Não é isso. Se tiver dinheiro para comprar arroz, o arroz fica no mercado interno. É que hoje os mercados estão mais interligados. Se tem um poder aquisitivo baixo no mercado interno, tem que vender para fora. Então nós teremos de enfrentar esse cenário, que é diferente daquele.

Vannuchi – O que é possível fazer para incidir nesse problema? Educação nutricional? Colocar a ausência de agrotóxicos como condicionante para as políticas de fomento à agricultura ou de compra de merenda?

Graziano – Tudo isso. Temos que evoluir para a agricultura agroecológica.

Vannuchi – Agroecológica e agroflorestal.

Graziano – Isso. Se houver um condicionante desses para a compra da merenda escolar, por exemplo, cria-se a demanda e, no dia seguinte, haverá oferta de produtos agroecológicos. É um bom tópico. 🅵

> Sofre o casado e o solteiro
> sofre o velho, sofre o moço,
> não tem janta, nem almoço,
> não tem roupa nem dinheiro.
> Também sofre o fazendeiro
> que de rico perde o nome,
> o desgosto lhe consome,
> vendo o urubu esfomeado,
> puxando a pele do gado
> que morreu de sede e fome.

Patativa do Assaré

Guaribas resiste

Texto: **Dorian Vaz**
Fotos: **João Paulo Guimarães**
De Guaribas (PI)

Era fevereiro de 2003. O sol de Guaribas açoitava sem dó as poucas nuvens que apareciam sobre a Serra das Confusões. O mormaço se impunha, abafado e forte, mas era preciso iludir a quentura do dia para conhecer de perto o município que, àquela altura, sediava o projeto piloto do Programa Fome Zero (PFZ).

Vista de longe, Guaribas parecia uma vila marrom em meio ao caos social e econômico. A primeira impressão é que estava tudo fora de lugar, clamando para ser arrumado. A estiagem era tão insistente por essas bandas que trazia junto a fome e a miséria. Era imperativo sonhar e acreditar na teimosia de conviver com as condições naturais do Semiárido. Não se pode derrotar e seca, sabemos, mas, sim, lidar com ela. É a mesma história se repetindo há anos. Ninguém morre de seca: morre de fome. Assim como ninguém morre de frio: morre de falta de cobertor, agasalho e moradia adequada.

Foi nessa mistura de realidade com utopia, embaladas na confiança de que era possível construir um país melhor e mais justo, que começaram, em fevereiro de 2003, as primeiras ações do PFZ.

Na ocasião, a cidade do sertão do Piauí mostrou ao país e ao mundo uma trágica realidade, que teria de ser rompida com urgência. Guaribas tinha o terceiro menor IDH do Brasil (0,478) e uma população de 4.814 pessoas, a maioria delas em situação de vulnerabilidade social. Com o propósito de combater as causas estruturais da fome e da pobreza e, ao mesmo tempo, assegurar comida na mesa – com qualidade, quantidade e regularidade adequadas –, o PFZ procurou superar os desumanos indicadores de Guaribas, apurados no Censo de 2002.

Não era fácil romper com os desmandos da pobreza e da fome em uma cidade tão carente de tudo. Guaribas era o retrato do subdesenvolvimento e da miséria. A infraestrutura básica era quase inexistente, e a renda circulante, incapaz de qualquer movimento para aumentar o mercado local.

Das 942 casas que formavam o núcleo urbano, apenas 192 tinham acesso à energia elétrica e somente nove tinham banheiro. O abastecimento de água não existia em 98,7% dos lares. A maioria das moradias era de taipa com cobertura de palha. As ruas não tinham calçamento nem arborização. Nove em cada dez famílias viviam com até um salário-mínimo, das quais 27,8% recebiam menos de meio salário-mínimo e 64,7% ganhavam entre meio e um. A escolaridade era muito baixa: 48,7 % da população carecia de instrução.

Quase não havia assistência a gestantes e a recém-nascidos. A mortalidade infantil era de 35,7 a cada mil nascidos vivos. Uma em cada cinco crianças com menos de 1 ano apresentava quadro de desnutrição e uma em cada 28 não completaria o primeiro aniversário. A proporção de crianças menores de 2 anos com diarreia era de 16,1% (uma em cada seis). Em resumo: Não havia a menor possibilidade de os indicadores melhorarem sem a ação direta do Estado.

Era a primeira vez que eu via a fome e a pobreza tão de perto. Uma fome e uma pobreza permanentes, transformadas em traço constitutivo daquele lugar. Eu não sabia mais se chorava de tristeza, de revolta ou da minha impotência diante daquelas pessoas que resistiam e lutavam bravamente para continuarem vivas. Não tinha saída a não ser acolher aquele povo todo debaixo de um grande guarda-chuva de políticas públicas que respeitassem a história de cada um.

Foi nessa cidade – isolada, esquecida e maltratada – que teve início a primeira ação do PFZ: a implantação do Programa Cartão Alimentação (PCA), que concedia R$ 50 para famílias com renda per capita inferior a meio salário-mínimo. Corrigido pelo IPCA, aqueles R$ 50 equivaleriam a R$ 157 em julho de 2022. Em médio e longo prazos, o PFZ procurava criar as condições de emancipação das famílias que se encontravam em situação de indigência e de pobreza.

Para garantir a segurança alimentar e nutricional, seria preciso assegurar o desenvolvimento social e econômico, gerar emprego e renda, garantir o acesso à água e cuidar da saúde e da educação. Necessário, também, aumentar a produção local de alimentos, dinamizar o comércio e criar as condições para o alcance da tão sonhada cidadania. Mas não dava para simplesmente esperar tudo isso acontecer em um município com situação tão precária. Havia muito a ser feito.

Guaribas entra no orçamento

Retornei a Guaribas em junho de 2003, quando alguns indicadores positivos já podiam ser observados. Água tratada, comida na mesa e o aumento da circulação de dinheiro começavam a mudar o cenário. Com a injeção de R$ 25 mil provenientes do PCA (cerca de R$ 79 mil em valores de 2022), somados aos benefícios recebidos por aposentados, pensionistas e mães com direito a salário-maternidade, houve

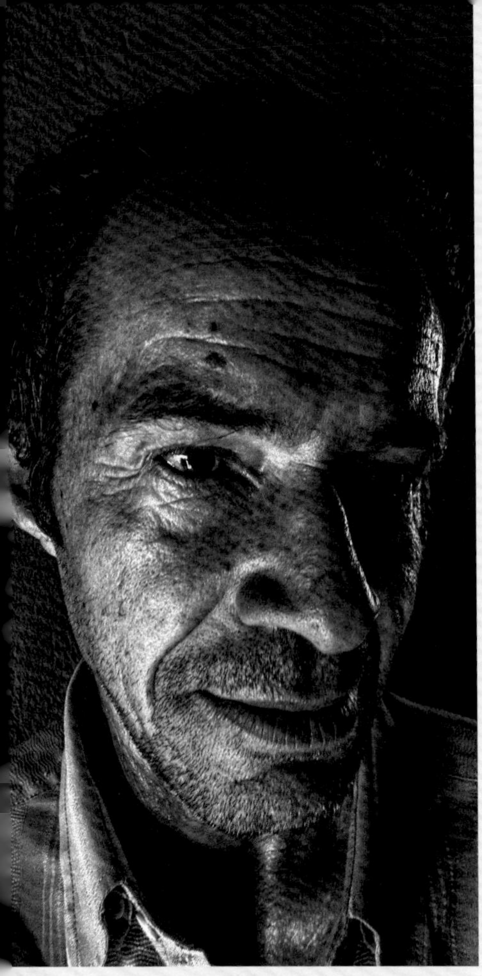
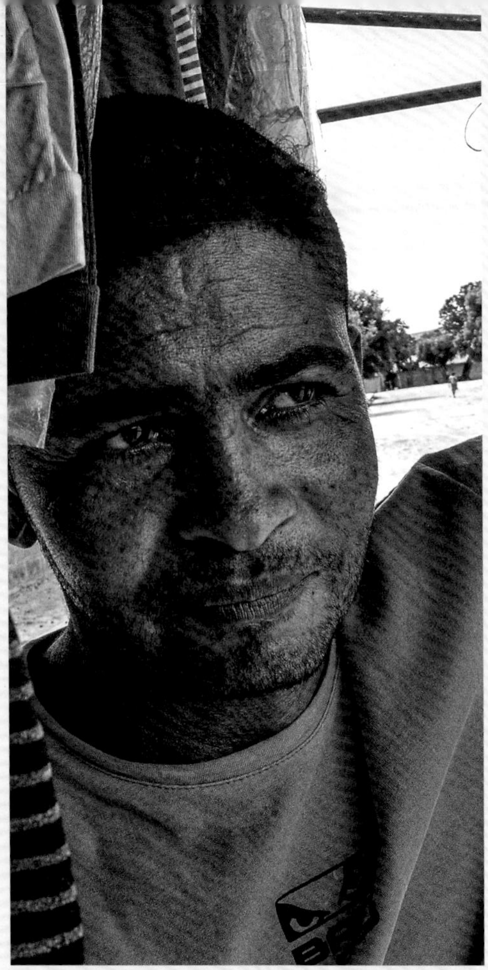
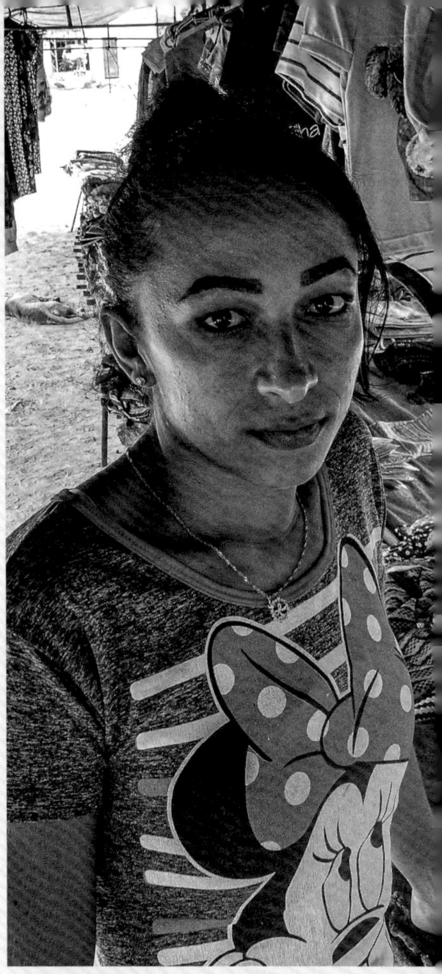
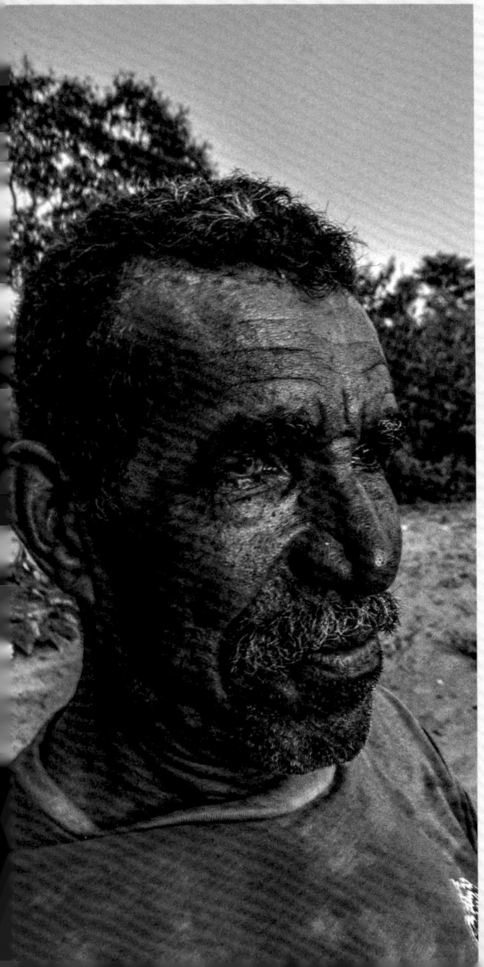
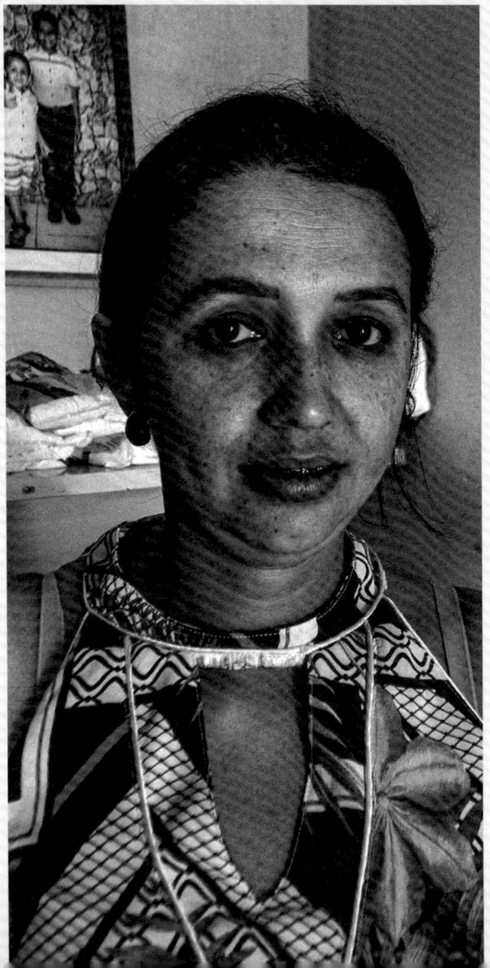
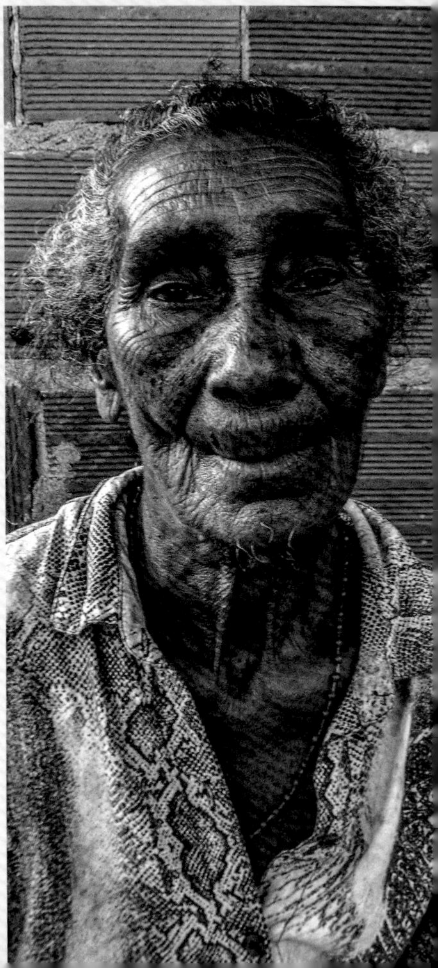

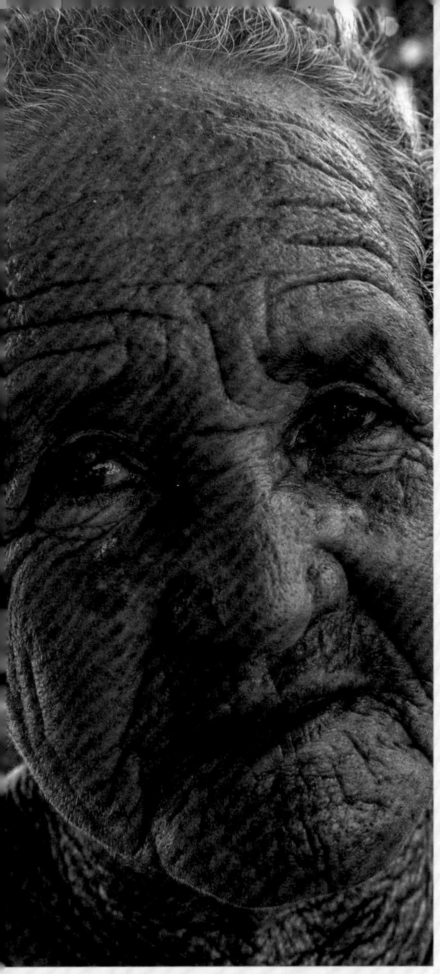
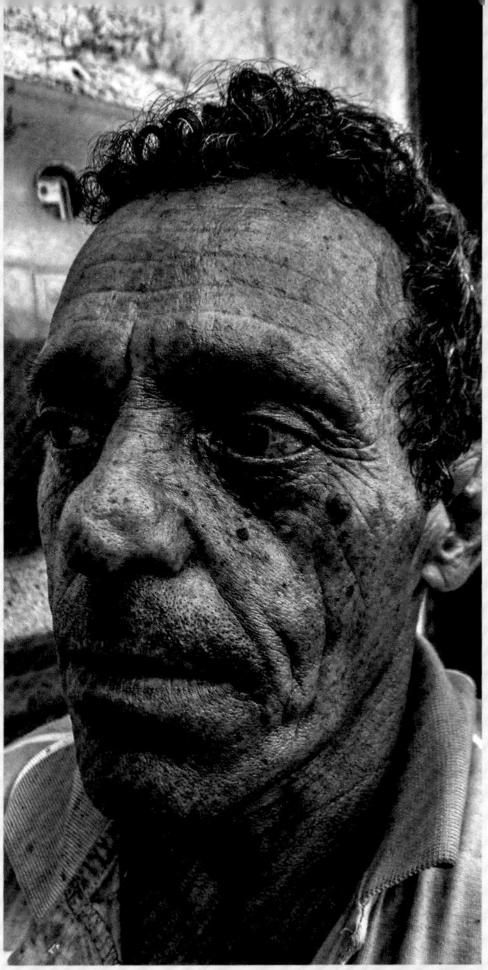
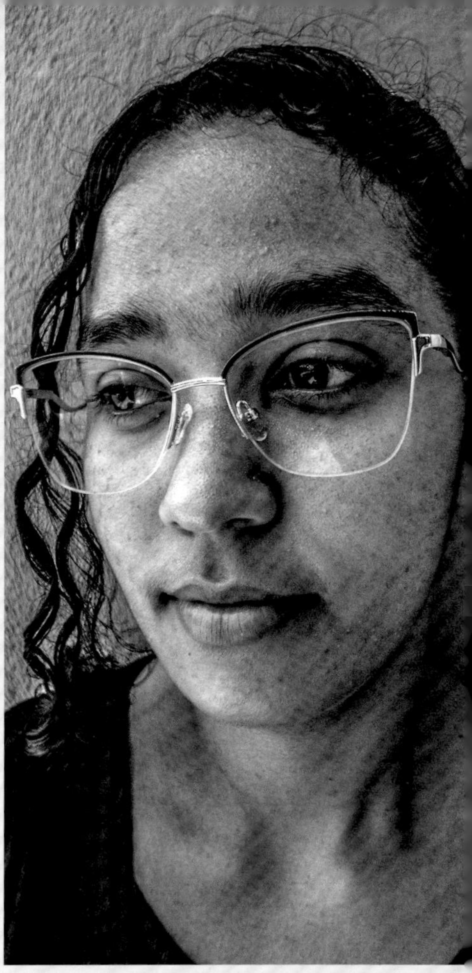
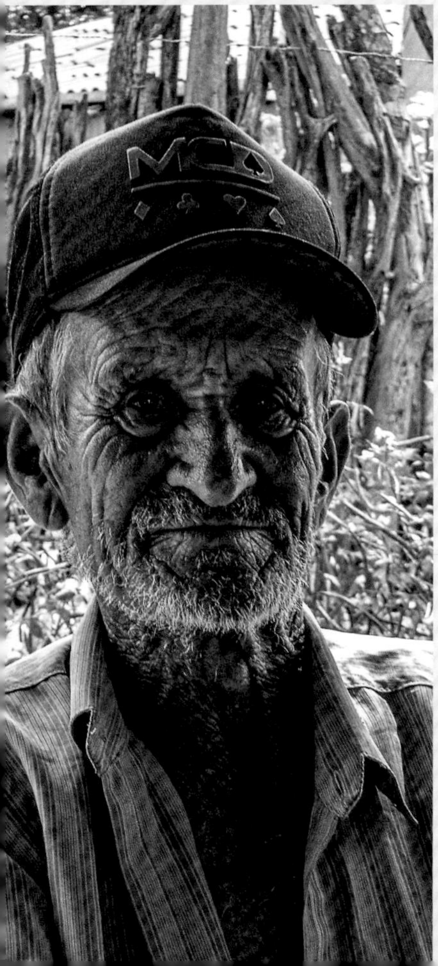
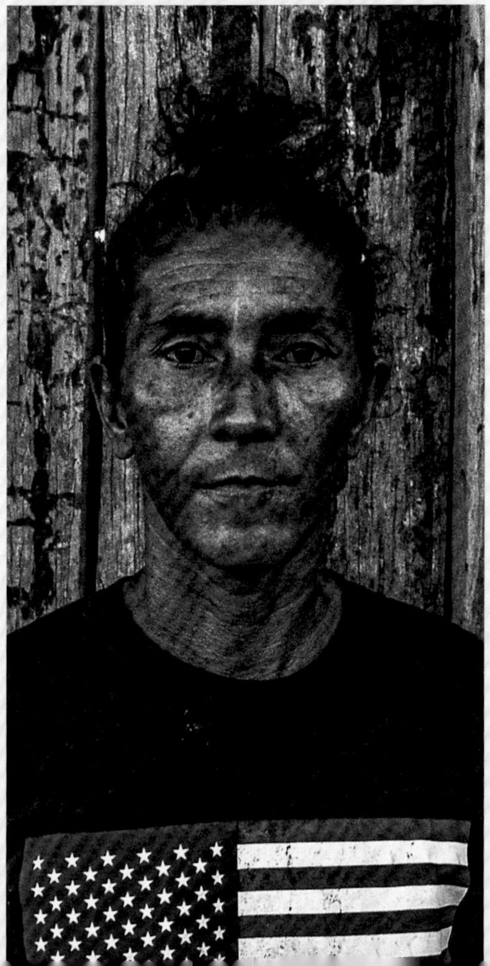
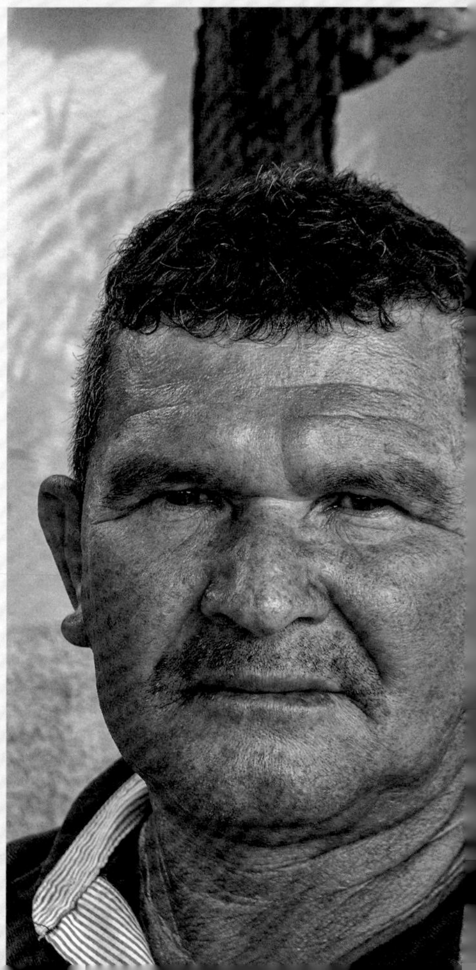

um pequeno aquecimento na economia local, refletido na abertura de modestos negócios e acanhados comércios.

A vida das famílias estava um pouco melhor, principalmente das mulheres, que não precisavam mais subir a Serra das Confusões para encher baldes de água. Foi construído um conjunto simplificado de estações de tratamento, por meio de duas adutoras, para captar e transportar a água já tratada até o centro. Guaribas ganhou ruas calçadas e arborizadas. Foram construídas 66 casas de alvenaria em substituição às de taipa e uma aquarela de tintas coloridas pintou toda a cidade.

Os indicadores de saúde e nutrição apresentaram melhoria significativa, de acordo com os dados apurados pelo Sistema de Informação da Atenção Básica (SIAB), do Ministério da Saúde. Comparando-se os índices de 2003 com os de 2002, o número de crianças nascidas com baixo peso caiu de 8 (9,9%) para 3 (6,4%), uma queda de 35%; a proporção de desnutrição proteico-calórica em crianças menores de 1 ano passou de 20,6% para 16,9%; o percentual de crianças menores de 2 anos com diarreia baixou de 16,1% para 11,3%, uma queda de 30%; a cobertura vacinal passou de 9% para 96% (em setembro de 2003); e a assistência pré-natal aumentou de 10% para 80% das gestantes. Parecem números tímidos para quem não conheceu a cidade, mas foram logo assimilados pela população, que os contabilizavam com orgulho e gratidão. Alguém havia finalmente enxergado Guaribas.

Visitei Guaribas em outras três ocasiões: em 2009, 2016 e, mais recentemente, em 2022. Os avanços foram sendo, gradativamente, percebidos e consolidados. Como o Governo Federal não fez o Censo Demográfico de 2020, os dados oficiais disponíveis na minha última visita ainda eram os de 2010, o que dificultou a comparação com os indicadores de 2003. No entanto, existem os bens intangíveis, que são expressos pelos olhares e pelas falas das pessoas, e que ajudam a perceber outras facetas do processo de desenvolvimento, nem sempre mensuráveis pelos indicadores oficiais: felicidade, dignidade, autoestima. Esses são revelados, com orgulho, pelos moradores da nova Guaribas, que resistem dezenove anos depois da implantação do Fome Zero.

Surge uma nova cidade

Abril de 2022. Guaribas é uma nova cidade, com mais sucessos do que fracassos – mas, ainda assim, é preciso dar sequência à obra.

Não há necessidade de recorrer aos desatualizados indicadores oficiais para perceber as mudanças ocorridas na cidade e na vida das pessoas. Basta ouvir o que elas têm a dizer. O bate papo no início da noite traz a certeza de que o povo daqui não se verga às dificuldades. Fácil não foi nem será, mas está em quase todas as bocas que a decisão política de voltar um olhar empático e generoso para os mais vulneráveis salvou e melhorou muitas vidas.

O trabalhador rural Seu Edmir, mais conhecido como Pereira, desce da bicicleta para contar sua história. A família permanece na roça, mas em melhores condições. Os pés calçados e o corpo vestido por uma camisa amarela, de mangas compridas, podem não parecer nenhuma evolução. Mas, para ele, é:

— Caminhei quarenta e oito anos de pé descalço. Não estou de brincadeira. Estou falando a verdade. Chegamos ao ponto de pegar rabudo (um tipo de rato do mato) na caatinga para não morrer de fome. Minha família venceu a fome e a desnutrição.

Entre 2002 e 2010, o IDH do município pulou de 0,478 para 0,508, uma evidência do progresso nas condições de vida da população local, tanto no aspecto econômico quanto na área social (saúde e educação, principalmente).

Os dados disponíveis no site do IBGE mostram que o percentual de cobertura do Programa Saúde da Família alcançou 100% em 2020. De acordo com a assistente social Joara Evangelista Dias, do Centro de Referência da Assistência Social (CRAS), melhorou muito o acesso da população à saúde como um todo.

Há três anos, dois médicos moram no município e atendem também à população dos povoados rurais, que contam com consultas semanais nos postos de saúde do Brejão e do Cajueiro, ambos reformados, e em um terceiro, construído na Lagoa do Baixão. Antes do Programa Mais Médicos, lançado em 2013 e extinto em 2019, nenhum médico vivia em Guaribas. As visitas desses profissionais à cidade se davam de quinze em quinze dias.

A área da Assistência Social, implantada pelo PFZ, conta hoje com o trabalho de duas assistentes, três pessoas da equipe do Cadastro Único (contratadas pelo município) e oito profissionais do Programa Criança Feliz, que atende crianças carentes de até 3 anos e as de até 6 anos que pertencem a famílias que recebem o Benefício de Prestação Continuada (BPC). "O que sustenta o CRAS é esse programa", diz Joara.

As condicionalidades nas áreas de saúde, educação e assistência social previstas no PFZ também serviram para impulsionar a evolução na qualidade de vida das famílias e, sobretudo, das gestantes e das crianças. Em janeiro de 2022, 44 gestantes recebiam acompanhamento médico no município. Uma grande conquista, uma vez que, antes de 2003, as mulheres não desfrutavam de qualquer assistência médica durante a gestação e o parto. Este olhar privilegiado para as gestantes e para os bebês, combinando um programa de assistência médica com uma política de segurança alimentar, foi o que permitiu zerar o número de mortes de recém-nascidos em decorrência da fome e da desnutrição logo nos primeiros seis meses da implantação do PFZ.

A morte precoce dos "anjinhos" é uma lembrança triste para muitos. No fim da tarde, enquanto termina os últimos ajustes no Hotel Ferreira (o primeiro de Guaribas, inaugurado na última década), Dona Valda fixa o olhar no infinito como se revivesse cenas do passado:

— Era muito triste ver caixões passando com os anjinhos. Muitos nem tinham nome. A gente já não vê essa cena nos dias de hoje.

Água é vida

Na terra, até então esquecida, a falta de água era o principal problema. Por essas bandas, assim como em quase todo o mundo, as mulheres trabalham muito mais do que os homens, sobretudo nos povoados que ainda não têm abastecimento constante de água. A situação do racionamento e a dura jornada do trabalho feminino é reconhecida por Seu Onelson, trabalhador rural e dono de um restaurante no Brejão.

— Antes da 1 hora da manhã as mulheres se levantam para lavar roupa e trazer água da serra. Voltam às 7h e fazem isso de quatro em quatro dias. É comum esse trabalho aqui no Brejão. Nem sempre a água de Guaribas chega às nossas torneiras. Se não fossem as mulheres...

Seu Onelson se cala olhando para Dona Ivanilda, a esposa, como se estivesse diante de um oásis naquele solo desértico. Passar a madrugada na tarefa de buscar água na Serra das Confusões foi, por longos anos, a rotina das mulheres de Guaribas, e não apenas nos povoados mais afastados. Água era artigo de luxo, quase indisponível para os que viviam nesse solo carente e empoeirado de areia. O sistema de água encanada chegou à cidade no início de 2004 e foi a maior das revoluções.

— Parece que somos seres construídos de água; sem ela, nada vinga — diz Seu Almi, referindo-se aos muitos usos da água: para consumo humano, na produção de alimentos e para servir aos animais.

Seu Isaías, 88, sobe a serra para mostrar a fonte que enchia os baldes da população antes da adutora

Inaugurada em 2003, a rede ganhou 18 mil canos novos em 2022, mas ainda há bairros sem água

O líquido era tão precioso que Seu Almi passou a organizar o abastecimento, a partir de 1988, por meio de regras impostas por ele: limite no fornecimento por família, divisão da cidade por regiões e o rodízio entre as casas para que, de quatro em quatro dias, as famílias pudessem repor o "estoque". O trabalho voluntário de Seu Almi começava em setembro e ia até dezembro. No Piauí, esse período é conhecido como B-R-O Bró, cuja pronúncia é bê-erre-ó-bró. A expressão vem das últimas sílabas dos quatro últimos meses do ano, de setembro a dezembro, quando a temperatura pode bater nos 40 graus.

Em breve, a água vai mudar também a realidade da população do povoado de Cajueiro, o maior de Guaribas, e de outras quatro comunidades: Barreiro, Água Brava, Queimada do Angico e Tamboril. Isso porque, recentemente, um poço de 250 metros foi perfurado em Cajueiro, com capacidade para gerar mais de 40 mil litros de água por hora. Dezoito mil canos estavam sendo descarregados quando visitei Guaribas, em abril de 2022. Mesmo assim, ainda não será desta vez que o acesso à água será universal. O povoado do Capim, por exemplo, segue sem previsão para ter água encanada. Parte significativa da população de Guaribas ainda depende das cisternas, reservatórios onde a água é armazenada.

— A construção de cisternas é necessária, mas elas não podem ser a solução definitiva — disse o ex-governador Wellington Dias em entrevista a este livro feita em sua casa, em Teresina, pouco antes desta viagem. — Elas exigem manejo e limpeza e não garantem segurança hídrica para as famílias. A Organização Mundial de Saúde (OMS) preconiza que ter segurança hídrica é ter água bem tratada, de qualidade e em quantidade suficiente.

O ex-governador lembrou que a água não pode ser um bem, nem privado nem público, sujeito a clientelismos do toma-lá-dá-cá:

— A concentração injusta nas mãos de poucos fez da água propriedade de uma minoria e privou a população do sertão de matar as suas reais necessidades.

Oportunidade para todos

Na área da Educação, Guaribas se orgulha dos "doutores" nascidos aqui. Debaixo de uma pequena árvore, que em Guaribas é chamada de Ninho, Dona Lídia me conta a história do filho Natanael. Em 2011, ele foi cursar Direito em uma faculdade de São Paulo, depois de obter a pontuação necessária para passar no Exame Nacional de Ensino Médio (Enem). O Bolsa Família, criado em 2003, havia garantido à família as condições básicas para manter o jovem na escola. E o Programa Universidade Para Todos (Prouni), instituído em 2005 com a finalidade de democratizar o acesso ao nível superior, permitiu que ele cursasse a graduação.

— Não fosse isso, ele não seria advogado — diz Dona Lídia, desmanchando-se em orgulho. — Com o dinheiro do Bolsa Família, consegui formar meu filho. Com o Enem e o Prouni, ele voou alto.

Assim como Natanael, há outros "filhos" de Guaribas com formação superior, em enfermagem e em fisioterapia. Dois irmãos cursam odontologia e nutrição. Os equipamentos e programas da área educacional como Educação à Mesa, Alfabetização Solidária, Educação de Jovens e Adultos (EJA) e Caminho da Escola foram implantados na cidade. O Programa de Formação Continuada (PAFOR) também foi colocado em prática para ajudar quem lia e escrevia, mas não tinha formação. A maioria se formou em licenciatura no município vizinho, Anísio de Abreu, nas áreas de matemática, geografia, história, física e química. As melhorias educacionais culminaram na instalação da Universidade Aberta do Piauí (UAPI), que oferece o curso de Administração, à distância.

Sem o leque de oportunidades conquistado pelo povo de Guaribas seria muito difícil vencer a desigual disputa entre os que muito têm e os que quase nada possuem. Poucos são os que se formaram. O analfabetismo ainda é grande. Para muitos, segurar um lápis é mais difícil do que agarrar-se a um cabo de enxada. Por essas e por outras, é decisivo fortalecer a rede de proteção social de Guaribas.

Luz, moradia e carne de boi

A noite chega mansa e fresca, e os primeiros pontinhos distantes resplandecem. O Programa Luz para Todos trouxe energia elétrica e iluminou quase a totalidade das casas. Com a luz, veio também a Internet, conectando os cidadãos de Guaribas com o mundo.

As novas casas de alvenaria, que começaram a ser construídas em 2003, ganharam banheiros com chuveiros, que tiraram de cena as casinhas com um buraco no chão que serviam de sanitários. Outras 38 moradias foram entregues pelo programa Minha Casa, Minha Vida. Há mais 68 unidades contratadas que ainda não foram construídas.

No lar de Jair e Arlene não brota apenas o colorido das chitas de fundo vermelho que adornavam a cozinha e as cortinas da sala. Do pequeno pomar surgem mamão, goiaba, banana, acerola, manga, laranja e limão. Na horta desabrocham cebolinha, coentro, malva, hortelã e boldo. Antes, o casal morava de aluguel, a um custo mensal de R$ 150.

— Eu morava em uma casa pior e menor, hoje sou proprietária — diz Arlene. — Mesmo pagando água e luz, sobra alguma coisinha para comprar mais um pouco de alimentos e plantar.

Além das novas moradias, dois novos hotéis foram inaugurados na cidade, o Felipe e o Terraço, somando-se ao pioneiro Hotel Ferreira. Eldiene e seu companheiro Irineu, proprietários do Terraço, contam

As 38 casas entregues pelo Minha Casa, Minha Vida trouxeram uma novidade: banheiros com chuveiros

O pioneiro Hotel Ferreira viu a concorrência surgir com a inauguração dos hotéis Felipe e Terraço

que foram viver em São Paulo e, durante um ano e meio, juntaram dinheiro para construir o hotel, inaugurado em 2016. O próprio Irineu trabalhou como pedreiro na obra, por cinco anos. Hoje, o Terraço tem sete suítes funcionando, três delas com ar-condicionado, e outras oito prontas para entrar em operação.

Antes de inaugurar o hotel, Eldiene pediu o cancelamento do Bolsa Família. Formada em todas as oficinas ministradas pelo Programa Fome Zero, ela administra o hotel, vende os salgados que aprendeu a fazer nos cursos e prepara, ela mesma, o saboroso pão-de-sal servido no café da manhã.

O êxodo dos moradores de Guaribas, principalmente para São Paulo, continua grande, mas há os que retornaram e os que continuam voltando, como Eldiene e Irineu. Os maiores e melhores comércios de Guaribas foram erguidos com recursos recebidos de fora da cidade. As três ruas de pedras foram substituídas por 21 quilômetros de asfalto.

Num canto da cidade, um boi é desossado, com agilidade, pelo Seu Nélio. Carne, de boi ou de bode, já não é novidade em Guaribas. Com o dinheiro curto e os preços dos alimentos em disparada, não está acessível para todos, mas já faz parte dos hábitos locais, servida em dezenas de bares e restaurantes. De maneira informal, pequenos criadores abatem os animais e cuidam do comércio. Como Guaribas não tem açougue, nem mesmo nos supermercados, os animais são carneados pelos próprios criadores, e as peças são penduradas nos galhos das árvores, à espera dos clientes. Muitas vezes, a partilha é combinada com antecedência, antes do abate, sobretudo quando há encomenda dos bares. Em pouco tempo, a rês de Seu Nélio desaparece.

Dez supermercados, oito mercearias e dois hortifrutis vendem produtos industrializados, verduras, legumes e frutas. A construção civil conta com cinco lojas na área urbana. Duas de móveis e sete de roupas, maquiagem e perfumaria agradam às mulheres da terra. Carros e motos já podem quebrar em Guaribas: há nove oficinas na cidade.

O cooperativismo resiste. Na casa de farinha do Povoado de Zé Bento, os 29 cooperados continuam com o mesmo espírito de solidariedade de sempre. A safra começa em junho e o trabalho das mulheres redobra no meio do ano. São elas que descascam, ralam e espremem a massa para fazer o polvilho.

O ser humano no centro de tudo

As transformações em Guaribas podem ser em grande parte atribuídas à rede de proteção social tecida aqui. Políticas públicas implantadas nas últimas duas décadas cuidaram do ser humano desde a concepção até fechar o ciclo de vida. Contemplaram as gestantes, os bebês, a juventude, bem como deram suporte ao envelhecimento, às pessoas com deficiência e a populações historicamente segregadas, como os quilombolas e os indígenas.

— Guaribas é menos desigual hoje graças a essa maneira de atuar — afirma o ex-governador Wellington Dias. — A escolaridade média aumentou, o analfabetismo foi reduzido, a renda subiu e a expectativa de vida foi ampliada.

Com a mesma percepção, o prefeito da cidade, Seu Joércio, o Paizim, acredita que Guaribas continuaria "esquecida, isolada e invisível" se não fosse a opção dos governos federal e estadual de aportar na cidade não apenas recursos financeiros, mas, também, a confiança de que era possível construir uma cidade melhor, mais igual e mais inclusiva.

— Tudo aqui está melhor, mas ainda temos muita coisa a fazer — diz o prefeito. — Não temos saneamento básico nem rede pluvial.

Numa cidade sem açougue, a oferta de carne é feita por pequenos criadores como Nélio

O sistema é de partilha: ele avisa quando vai abater o gado e vende os cortes pendurados nos galhos

Temos ruas que precisam ser pavimentadas. Temos de gerar emprego e renda. Mas quem conheceu Guaribas no passado é testemunha dos avanços do município.

Novos negócios

Vou conhecer o povoado Regalo, onde provo uma saborosa galinha caipira com pirão no bar de Lucielma e Laurindo. Lucielma é sacoleira, revende roupas e outros apetrechos para sala, cozinha e banheiro. A soma das rendas colocou mais comida na mesa do casal e dos dois filhos.

— A comida de dois tinha que dar para dez. Conseguimos vencer essa dura realidade nos dezesseis anos que moramos em Guaribas — diz ela, descrevendo sua rotina de mãe, esposa, dona de casa, cozinheira, sacoleira e salgadeira, como se fosse natural uma só pessoa com tantos afazeres.

Já quase no meio da tarde, de volta à cidade, Pancadão e Tigrão estacionam o caminhão cheio de bugigangas. Abrem a "porta da felicidade" e, em poucos minutos, pessoas se aglomeram à procura de quinquilharias para revender. De três em três meses, os dois visitam Guaribas. Já têm clientela formada: liquidam o estoque em três dias e retornam, trimestralmente, para buscar o percentual apurado.

No fim da tarde, subo a Serra das Confusões, um trajeto que só é feito por lazer desde que o olho d'água foi desativado. A primeira parada, logo no pé da serra, é a casa de Dona Sinharinha e Seu Canela. A paisagem esverdeada serve de moldura para a moradia dos dois. O inverno foi generoso e as chuvas chapiscaram Guaribas de verde. Do tempo em que Dona Sinharinha subia a serra para buscar água na mina, ficaram as lembranças do trabalho duro – e de pelo menos um episódio que, visto hoje através do retrovisor, faz Seu Canela gargalhar.

— Quis ser gentil e vim correndo pegar uma bilha de água para ajudar — ele conta. — Mas estava bêbado, tropiquei e quebrei o pote.

Resultado: Dona Sinharinha sentou a mão no marido. Hoje, sob o olhar cheio de ternura de Seu Canela, ela apenas devolve a provocação:

— Se quisesse mesmo ajudar, teria subido a serra em meu lugar!

Aos 88 anos, o amigo Seu Isaías se oferece para ser nosso guia, meu e do fotógrafo João Paulo. Termina a conversa com Seu Canela, ajusta a camisa laranja no corpo magro e abre um sorriso de poucos dentes, animado para ensinar o que sabe: o caminho das pedras colocadas, caprichosamente, pela natureza. Seu Isaías sai saltitando trilha acima como se deslizasse, tal a leveza do seu corpo e a destreza dos seus passos. Em pouco tempo, chega ao topo. O corpo esquálido ergue os dois braços e pousa como se fosse o Cristo.

A fé em Deus e em Cristo, materializada no sorriso fácil do povo daqui, permanece levando adiante o sonho e a esperança de que tudo vai melhorar. Difícil explicar a religiosidade do sertanejo diante de cenários tão desprovidos e inóspitos.

Para seu Isaías, é urgente esquecer o sofrimento pregresso. Subir a Serra lhe traz de volta a alegria suspensa desde a morte da companheira, uma das três vítimas de Covid em Guaribas.

O futuro pode ser melhor

Na véspera da minha partida, encontro novamente o casal Dermeval e Marilene, contemplado em 2003 com uma das casas de alvenaria construída no âmbito do PFZ. Quitada após o pagamento de 72 prestações de R$ 15 (cerca de R$ 45 em valores atualizados em abril de 2022), a casa está sendo reformada com a ajuda da filha, que vive em

São Paulo. Na primeira vez que vi Marilene, ela debulhava feijão, em companhia da netinha Karina. Era o único alimento disponível para matar a fome. Dermeval lembra daquela época:

— A gente era mais quebrado do que canjica pisada no pilão. Era muita pobreza e muita fome. Nasci aqui, fui criado aqui e meus dentes caíram aqui. Sei bem o que já passamos. Hoje, vivemos muito melhor, mas ainda tem muito chão pela frente.

A neta Karina é uma adolescente que gosta de estudar e carrega o desejo de ser médica. Karina é o motivo de orgulho dos avós, que sonham vê-la formada em Medicina. O desejo de ver os jovens vencendo é muito comum entre os moradores de Guaribas. Os adultos não querem que as novas gerações tenham a mesma vida de privação que eles foram obrigados a ter. Também nisso, o PFZ deu um empurrão. A população entende que, não fossem as ações do Fome Zero, Guaribas estaria esquecida até hoje.

A felicidade com cada pedacinho de conquista contradiz com a aspereza da vida que ainda levam. Mas tudo que é comparado com antes de 2003 vira superlativo. Entre as coisas que chegaram a Guaribas desde então estão médicos, casas de alvenaria, água encanada, energia elétrica, asfalto, supermercados, restaurantes, mercearias, salões de beleza, dinheiro circulando... Difícil até entender como as pessoas conseguiram viver aqui por tanto tempo sem que ninguém as enxergasse!

Conquistas em risco

O Brasil voltou ao Mapa da Fome elaborado pela Organização das Nações Unidas para a Alimentação e a Agricultura (FAO, na sigla em inglês) em 2018. No final de 2021, 9% da população brasileira passava fome e outros 20% não se alimentavam o suficiente: não tinham regularidade nas refeições ou não ingeriam nutrientes em quantidades mínimas. Em abril 2022, a inflação bateu a marca de 1% ao mês, a maior em 26 anos. No mesmo mês, a população desempregada superou os 11% e fez o Brasil entrar na lista dos dez países com as piores projeções de desemprego no mundo, devendo superar os 13% no acumulado do ano. Impossível achar que tamanho descalabro social e econômico não fosse atingir Guaribas. O município já estava em sinal de alerta desde 2017, quando entrou em vigor uma lei que congelou por vinte anos os investimentos do Estado em áreas como alimentação, saúde, assistência social e educação.

O Brasil estava evoluindo bem no combate à pobreza durante a última década, sobretudo em função dos investimentos públicos nessas áreas. E não foi por acaso que a economia avançou a partir de uma crescente demanda interna. Guaribas não fugiu à regra, mas a situação foi se deteriorando, também, em função do desmonte das políticas públicas. Programas como o Mais Médicos, o Brasil Sorridente, o Farmácia Popular e o Programa de Aquisição da Agricultura Familiar (PAA), tão importantes para o povo da cidade, foram interrompidos.

A população se ressentiu sobretudo com a volta da inflação. As pessoas já não se alimentam com a mesma qualidade, e a alta dos preços tem afastado a comida da mesa dos guaribanos. Dono de um supermercado, Valter Carlos afirma não saber mais qual preço colocar nos produtos, porque as coisas podem aumentar de um dia para o outro.

— Nunca imaginei que a gente fosse voltar a conviver com privação e fome. Ninguém pode com essa inflação. O que estão fazendo é um crime. Não estamos vivendo, estamos existindo. Só não acabaram com tudo porque a gente não é mais bobo.

Alimentos básicos como óleo de soja vendido por R$ 14, o quilo de arroz por R$ 5,50, o de feijão por R$ 9 e a caixa de leite por R$ 8

Na casa de Dona Quilara, o fogão a gás foi aposentado: impossível pagar R$ 150 no botijão

Ela recolhe galhos secos no mato e carrega os fardos para cozinhar numa fogueira improvisada

tornaram-se proibitivos para a população de Guaribas. O botijão de gás de cozinha, hoje com o preço dolarizado, chega a custar R$ 150.

Na casa de Dona Quilara, o fogão a gás foi encostado. A abóbora verde é cozida sobre brasas ardentes. Dona Quilara recolhe galhos secos no mato e carrega os fardos de lenha para a fogueira improvisada. Mais trabalho para quem já herdou a missão de cuidar do sobrinho Dedin, um deficiente que perdeu a mãe e vive sob a responsabilidade de duas tias. Além dele, 134 usuários recebem o Benefício de Prestação Continuada (BPC) em Guaribas, sendo que 28 são menores de 18 anos.

O alto preço dos alimentos é tema recorrente no município. O medo da fome voltou a assustar.

— A inflação parece um redemoinho bravo que a cada rodopiada leva os preços para cima — diz Josemar, ex-presidente da Casa de Farinha do povoado Zé Bento. — De nada adiantou o Governo Federal aumentar o valor do Auxílio Brasil. Eles dão de um lado e tiram do outro. A inflação comeu o aumento. A fome já ronda por aqui.

O mais próspero povoado de Guaribas, Cajueiro também enfrenta problemas com a alta dos preços. Logo na entrada do povoado, Seu Antônio monta uma enorme barraca de roupas. Há quatro anos, ele pula de cidade em cidade para vender seus produtos. Hoje, reclama do preço do combustível:

— Querem que a gente ande a pé. O preço da mercadoria sobe para repassar o custo do combustível. Quem paga é sempre o mais pobre. E a venda está diminuindo a cada dia.

O asfalto recente encurtou a distância entre Guaribas e Caracol e trouxe desenvolvimento para a cidade. Mas a economia advinda da novidade não impediu a disparada nos preços dos produtos.

— Está tudo mais caro, mesmo chegando mais rápido — diz o secretário municipal de Meio Ambiente, João Abimael.

A resiliência do povo de Guaribas, decidida a impedir retrocessos ainda maiores, é o que faz permanecer a esperança e o desejo de perseverar. Uma teia sustentada por muitas mãos dificilmente rasga perante os desmandos dos governantes. Alinhavada sobre um forte tecido social, essa teia não se esgarçou completamente. Mas Guaribas segue em risco, como todas as cidades brasileiras que lutam contra a fome e a miséria.

Desafios

Guaribas ainda não tem esgotamento sanitário nem rede de águas pluviais. As oportunidades de emprego e renda são escassas. O mercado público, construído para a venda de produtos da agricultura familiar, continua fechado e se desfazendo pela ação do tempo. Da mesma forma, o Memorial Fome Zero, a pousada e a padaria construídas pela Secretaria Estadual que cuidava exclusivamente do Fome Zero duas décadas atrás nunca chegaram a funcionar – e se desmancham sob o sol tórrido.

Em cidades tão carentes – o terceiro pior IDH do país até pouco tempo atrás – um pequeno avanço se converte em uma enorme conquista. Políticas públicas básicas se transformam em desenvolvimento e progresso. Mas, muitas vezes, o direito se confunde com concessão.

Não se pode desprezar a influência perversa do clientelismo, que ainda orienta a ação política no Brasil, sobretudo em cidades com populações vulneráveis, como Guaribas. A cultura clientelista em nada contribui para a emancipação dos usuários das políticas públicas, especialmente os mais pobres. Políticas sociais viram moedas de troca ou são percebidas como favor, um cenário difícil de modificar, mas com grande possibilidade se a comunidade não for abandonada pelo poder público.

As superações de Guaribas são incontestáveis, mas ainda há famílias que sobrevivem graças à renda dos programas sociais. Na casa de Dona Francisca e Seu Chefinho, professor de História aposentado que convive com restrições de locomoção desde que precisou amputar uma perna, o cenário ainda é de absoluta miséria. O casal trocou o antigo barraco por uma casa de alvenaria em razão de uma ação do Ministério Público, mas até hoje não conseguiu se livrar da situação de vulnerabilidade, mesmo após dezenove anos recebendo benefícios do Governo Federal. É preciso ir além, decifrar as limitações caso a caso e operar as transformações que ainda se mostrem necessárias. É inaceitável que, num país tão rico como o Brasil, continuem existindo centenas de Guaribas.

O que sobra é esperança. O garoto Yuri, de 12 anos, expressa a confiança de que as sementes plantadas resultaram numa boa safra. Leitor contumaz, sua inquietude chama a atenção dos hóspedes do Hotel Terraço. Me aproximo do menino, filho dos donos do hotel. Belo e vaidoso, dono de uma inteligência privilegiada, ele me acompanha em minhas andanças por Guaribas. Ficamos amigos.

Noite de sexta-feira, véspera da minha partida, Yuri se despede de mim com lágrimas nos olhos. Suas palavras me fizeram embarcar no mesmo choro cúmplice, simbiótico:

— Volte sempre. Não se esqueça da gente aqui. Tenho muitos sonhos... ∎

VIRE O LIVRO PARA LER A OUTRA PARTE

VIRE O LIVRO PARA
LER A OUTRA PARTE

FOTO: CÉLIO ALVES RIBEIRO

PR

Cascavel
Rua Xavantes, 556, Santa Cruz
(45) 99975-0684
armazemdocampo.cvel@hotmail.com
armazemdocampocascavel.kyte.site/

Londrina
Rua Piauí, 95, loja 2, Centro
(43) 99992-2196
armazemlondrinavendas@gmail.com
londrina.armazemdocampo.com.br/

Maringá
Escola Milton Santos de Agroecologia
(44) 99980-1995
armazemmaringa@gmail.com
openfoodbrasil.com.br/armazem-do-
-campo-maringa/shop

PA

Belém
Rua do Pariquis, 3.501

MA

São Luís
Rua Rio Branco, 420, Centro
(98) 99229-0032

MS

Campo Grande
Rua Juruena, 309, Jardim Taquarussu
(67) 99974-7347
armazemculturaldocampo@gmail.com

DF

Brasília
Feira da 216 Norte (Asa Norte)
(61) 99882-4509
armazemdocampodf@armazemdocam-
po.com.br

Onde tem Armazém do Campo (lojas do MST)

SP

São Paulo
📍 Al. Eduardo Prado, 499, Campos Elíseos
📞 (11) 96410-5084
✉ armazemdocamposp@gmail.com
🛒 armazemdocampo.shop/

Bauru
📍 Rua Araújo Leite 5-47, Centro
📞 (14) 99862-1541
✉ armazemdocampobauru@gmail.com
🛒 armazemdocampobauru.kyte.site/

RJ

Rio de Janeiro
📍 Avenida Mem de Sá, 135, Centro
📞 (21) 99702-9303
✉ comercial@armazemdocamporj.com.br
🛒 rio.armazemdocampo.com.br/

BA

Salvador
📍 Rua Santa Izabel, 3, Pelourinho
📞 (73) 99954-7619
✉ armazemdocampobahia@gmail.com

Paulo Afonso
📍 Rua Padre Lourenço, 174-A, BTN II

MG

Belo Horizonte
📍 Avenida Augusto de Lima, 2.136
📞 (31) 99244-5378
🛒 armazem-do-campo-bh.myshopify.com/

Teófilo Otoni
📍 Rua Epaminondas Otoni, 318, Centro
📞 (33) 98865-0437
✉ armazemteofilootoni@gmail.com

Uberlândia
📍 Rua Olegário Maciel, 255, box 27, Centro
📞 (34) 98404-8985

RS

Porto Alegre
📍 Rua José do Patrocínio, 888
📞 (51) 99981-4837
✉ lojareformaagraria@yahoo.com.br
🛒 terralivre.coop.br/

PE

Recife
📍 Av. Martins de Barros, 387, Santo Antônio
📞 (81) 99673-4327
✉ armazemdocamporecife@gmail.com
🛒 linktr.ee/armazemdocamporecife

A TERRA É PLENA

COMO ALIMENTAR O MUNDO E CUIDAR DO PLANETA

Camilo Vannuchi e Simone de Camargo

A TERRA É PLENA

Como alimentar o mundo e cuidar do planeta

Discurso Direto
—— editora ——

Copyright © 2022 Camilo Vannuchi e Simone de Camargo

Grafia atualizada segundo o Acordo Ortográfico da Língua
Portuguesa de 1990, que entrou em vigor no Brasil em 2009.

Capa e projeto gráfico: Camilo Vannuchi/Discurso Direto

Fotos das capas: Shutterstock ("Fome") e Célio Alves Ribeiro ("A Terra é plena")

Texto adicional: Dorian Vaz

Fotografias: João Paulo Guimarães, Sérgio Silva, Célio Alves Ribeiro, Ylder Silva, Daniel Kfouri,
Rogério Assis, Jonas de Souza Santos, Wellington Lenon, Organização Caianas e Associação Agrodóia

Esta obra foi composta nas fontes Minion e Hirogino Kaku Gothic e
impressa em papel couché fosco 115 g/m² pela gráfica Ipsis
para a Editora Discurso Direto, em outubro de 2022.

```
   Dados Internacionais de Catalogação na Publicação (CIP)
             (Câmara Brasileira do Livro, SP, Brasil)
  ┌────────────────────────────────────────────────────────┐
  │ Vannuchi, Camilo                                         │
  │    Fome : como enfrentar a maior das violências ; A      │
  │ Terra é plena : como alimentar o mundo e cuidar do       │
  │ planeta / Camilo Vannuchi e Simone de Camargo. --        │
  │ 1. ed. -- São Paulo, SP : Editora Discurso Direto,       │
  │ 2022.                                                    │
  │                                                          │
  │    "Obras publicadas juntas em sentido inverso."         │
  │ Bibliografia.                                            │
  │    ISBN 978-65-998542-0-0                                │
  │                                                          │
  │    1. Agricultura 2. Agroecologia 3. Alimentação -       │
  │ Aspectos sociais 4. Fotografias 5. Fome - Brasil         │
  │ 6. Política agrícola 7. Segurança alimentar              │
  │ I. Camargo, Simone de. II. Título. III. Título: A        │
  │ Terra é plena : como alimentar o mundo e cuidar do       │
  │ planeta.                                                 │
  │                                                          │
  │ 22-124982                                    CDD-300     │
  └────────────────────────────────────────────────────────┘
              Índices para catálogo sistemático:

     1. Ciências sociais   300

  Eliete Marques da Silva - Bibliotecária - CRB-8/9380
```

[2022]
Todos os direitos desta edição reservados a
Discurso Direto Ensino e Comunicação
discursodiretocomunicacao@gmail.com

Forjar no trigo o milagre do pão
E se fartar de pão.

Milton Nascimento e Chico Buarque

Como e por que ler este livro

Este livro é resultado de um esforço para registrar os efeitos da pior de todas as agressões, num momento em que o Brasil vive uma escalada inédita da fome e da extrema pobreza. Os fatos, os números, as imagens e os relatos aqui publicados foram reunidos entre novembro de 2021 e outubro de 2022. Duas décadas após o Fome Zero e trinta anos após a Ação da Cidadania Contra a Fome, a Miséria e pela Vida, a presente edição encontra um país em frangalhos e se propõe a contribuir para a construção de uma nova política agrícola e de segurança alimentar, que volte a colocar os mais pobres no orçamento e que seja, desde a origem, solidária, justa, restaurativa, diversa e sustentável.

Este livro também é resultado da obsessão dos autores em indicar alternativas ao modelo econômico vigente e, sobretudo, ao sistema agrícola hegemônico no país. Em muitos aspectos, eles têm sido responsáveis por intensificar o problema da fome e por boicotar a construção de um futuro com dignidade social e cooperação com o meio ambiente. Assim, buscamos apresentar caminhos que percorrem o resgate da agricultura ancestral, a mobilização popular por alimentação adequada, a defesa de um projeto coletivo capaz de promover uma agricultura familiar saudável, nutritiva e economicamente viável, bem como estimular a produção agroecológica de comida, principalmente em agroflorestas. Um desafio nos move: como enfrentar a fome sem destruir o planeta?

Este livro foi concebido em duas partes distintas, mas conectadas, uma com foco no problema e a outra, nas soluções. Cada parte ganhou um título e uma capa. Nossa sugestão é que você conheça a fome antes de descobrir a abundância. Mas o leitor e a leitora são soberanos na escolha – como deve ser todo e qualquer cidadão na hora de se alimentar.

Os autores

Sumário

A Terra é plena

Desafios novos, inspiração ancestral   13

Se o campo não planta, a cidade não janta   29

A revolução será agroflorestal   47

Por onde começar?   83

Para saber mais   89

FOTO: CÉLIO ALVES RIBEIRO

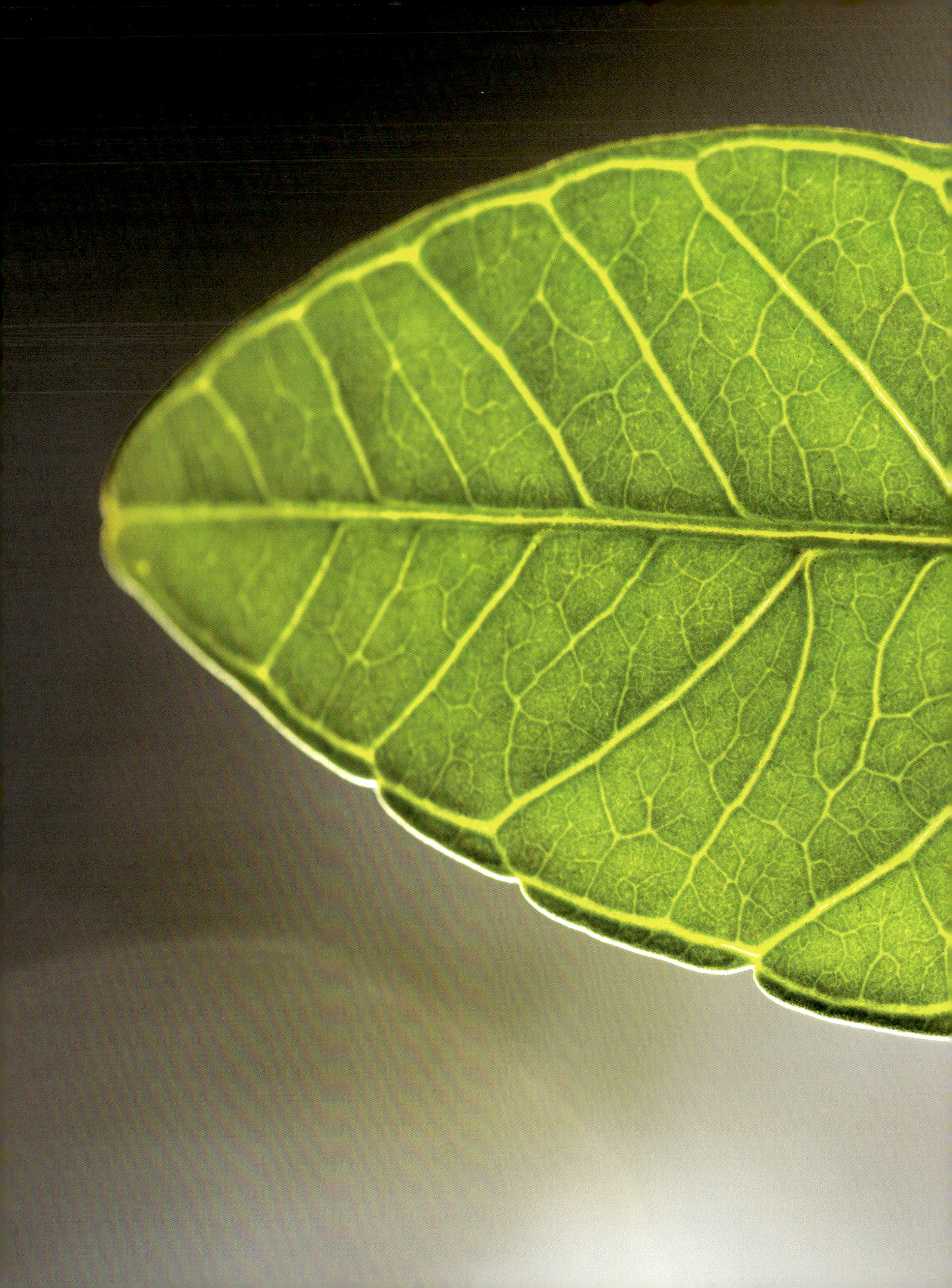

> **Qual é o mundo que vocês estão agora empacotando para deixar às gerações futuras?**

Ailton Krenak, 2019

Desafios novos, inspiração ancestral

Fotos: **Rogério Assis** *(Xingu, MT)* **e Coletivo Caianas** *(Cachoeirinha, MS)*

No início, havia um homem. Não um homem qualquer, mas um homem muito grande, que perambulava solitário pelo mundo. Seu nome era Oreka Yuvakae. Um dia, caminhando pela mata, o homem se deparou com um passarinho. Era um bem-te-vi, prostrado no chão com seu peito amarelo e as asas pardacentas, a olhar, compenetrado, para um tufo de galhos secos e capim.

Oreka Yuvakae se aproximou, curioso para saber o que o bem-te-vi tanto olhava, e ergueu o tufo com as mãos. O que ele encontrou foi um buraco na terra, povoado por uma multidão de pessoas minúsculas, bem menores do que ele, todas nuas, tremendo de frio. Eram o povo Terena: homens e mulheres em miniatura, tão pequenos quanto os habitantes da ilha de Liliput na clássica aventura de Gulliver.

Estarrecido com o que viu, Oreka Yuvakae se ajoelhou e tentou se comunicar com o grupo. Não obteve resposta. Sabendo do frio que sentiam, o gigante pediu a um coelho que fosse buscar lenha e acendesse uma fogueira. Em seguida, tirou todos do buraco com as mãos, acomodou-os perto do fogo e convocou diversos animais para ver se algum conseguia estabelecer contato com aquela gente. Nada.

FOTO: ROGÉRIO ASSIS

Colheita do buriti em aldeia
Xavante, no Xingu (MT).
Além do palmito e da palha,
usada para fazer telhados,
os indígenas consomem o
fruto in natura e também na
forma de sucos e compotas

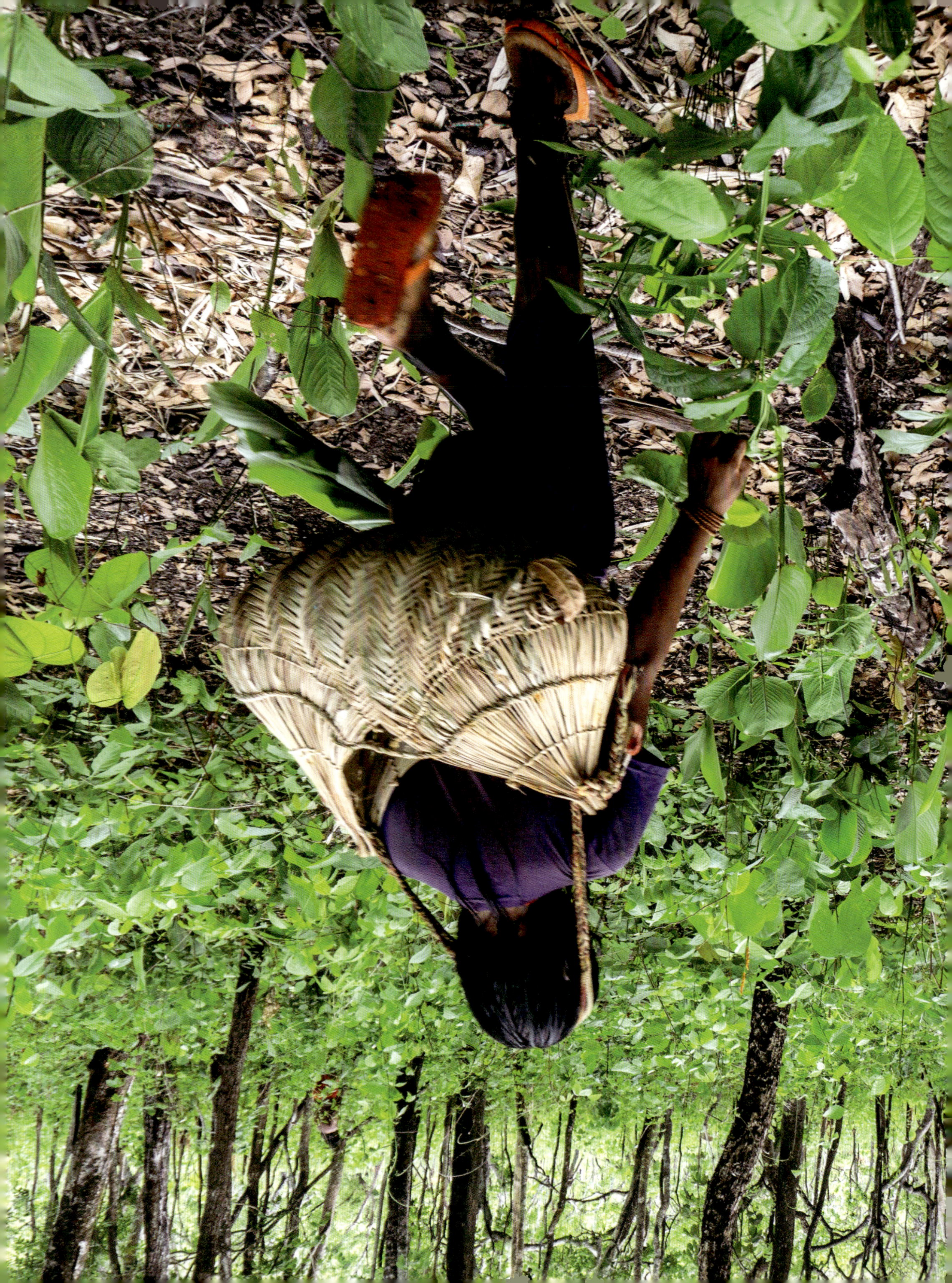

Até que um pequeno sapo vermelho arriscou umas travessuras e fez o povo Terena gargalhar. Aos poucos, as primeiras comunicações foram estabelecidas, até que a língua deixou de ser uma barreira. Oreka Yuvakae ofereceu sementes aos indígenas e entregou a eles feijão e milho, ramas de mandioca e batata, mudas de pequi e sementes de algodão. Ensinou, por fim, a fazer roça, a plantar e a tecer.

Os Terena nunca mais se esqueceram daqueles ensinamentos. Depois que o gigante foi embora, mantiveram o costume de abrir pequenas clareiras na floresta e cultivar ali suas lavouras. Com o tempo, outras espécies comestíveis foram introduzidas, como a banana, originária da Ásia. Juntos, foram descobrindo quais espécies deveriam ser plantadas nas sombras das árvores e quais se davam melhor ao sol. Habituaram-se a guardar com cuidado as sementes e a preparar o solo para recebê-las. Principalmente, a fazer terra-preta, também conhecida como terra-preta-de-índio, um solo fértil, úmido, vigoroso, fundamental para a lavoura.

Nas aldeias Terena, os mais velhos dizem que o principal legado que se pode deixar às crianças é terra-preta abundante, para que o chão dê bons frutos e ninguém venha a passar fome. E terra-preta, eles sempre souberam, se faz com madeira, folhas secas e cascas de frutas, e não com produto químico. Os adultos também devem transmitir às crianças, desde cedo, a arte de plantar e colher.

O mito fundador do povo Terena está intimamente ligado à sua tradição agrícola. Originários do entorno do Pantanal, no Mato Grosso do Sul, os Terena logo ficaram conhecidos como hábeis lavradores. Já nos primeiros meses da Guerra do Paraguai, em 1865, o Exército Brasileiro recrutou os Terena para que não faltasse alimento durante a campanha. Ao longo dos cinco anos de duração da guerra, eles se dedicaram a plantar para o colonizador. Logo foram con-

vocados para trabalhar também nas cozinhas, cuidando do preparo das refeições. Quem prestava atendimento médico, pelo menos os primeiros cuidados em casos de viroses, dores, machucados e outras enfermidades, também eram quase sempre os Terena, conhecedores das plantas terapêuticas. Eram eles, por fim, quem melhor conhecia o terreno, a geografia, bem como as estratégias para melhor se locomover nos charcos.

O reconhecimento nunca veio, não com a deferência merecida. Hoje, destilando preconceito, há detratores que, para os ofender, argumentam que os Terena não são sequer brasileiros, mas paraguaios – um argumento falso, empregado pelos que protestam contra a demarcação de terras. Enquanto durou a guerra, ninguém desconfiava da nacionalidade brasileira daqueles indígenas agricultores.

Ao retornar para casa ao fim da guerra, em 1870, os Terena se depararam com cercas por todos os lados. Grileiros haviam aproveitado sua ausência para lhes tomar o chão. Confinados em áreas muito menores do que as originais, sem a terra-preta abundante que lhes havia garantido a sobrevivência desde os tempos de Oreka Yuvakae, restou aos indígenas se empregar como assalariados nas plantações dos brancos, passando a colaborar com a monocultura de espécies detinadas à exportação, como o café e a cana-de-açúcar – isso quando não migraram para as cidades e passaram a engrossar o contigente das favelas e comunidades periféricas.

Sinergia com a natureza

Práticas agrícolas ancestrais não são exclusividade do povo Terena. Rara é a comunidade indígena que não esteja historicamente habituada a preparar a terra-preta e a plantar. No colégio, fomos induzidos a pensar que os primeiros habitantes destas terras desconheciam por

17

FOTOS: ORGANIZAÇÃO CAIANAS

Cultivo agroflorestal agroecológico Terena na Terra Indígena Cachoeirinha, em Miranda (MS): retomada

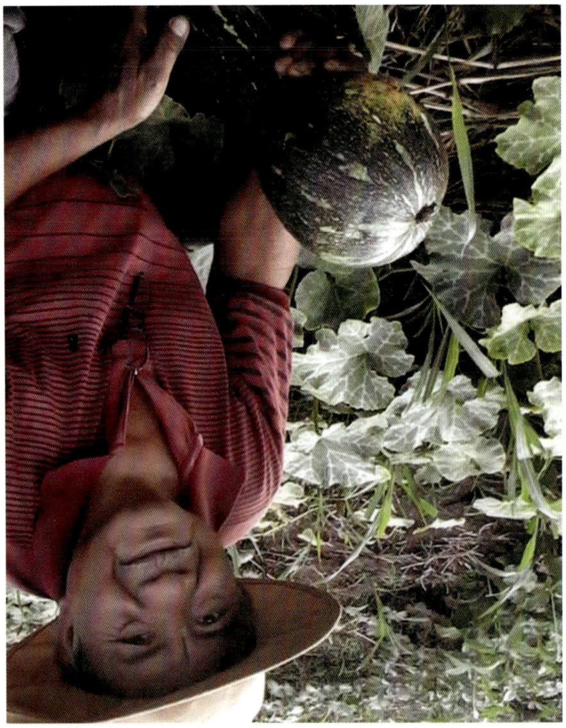
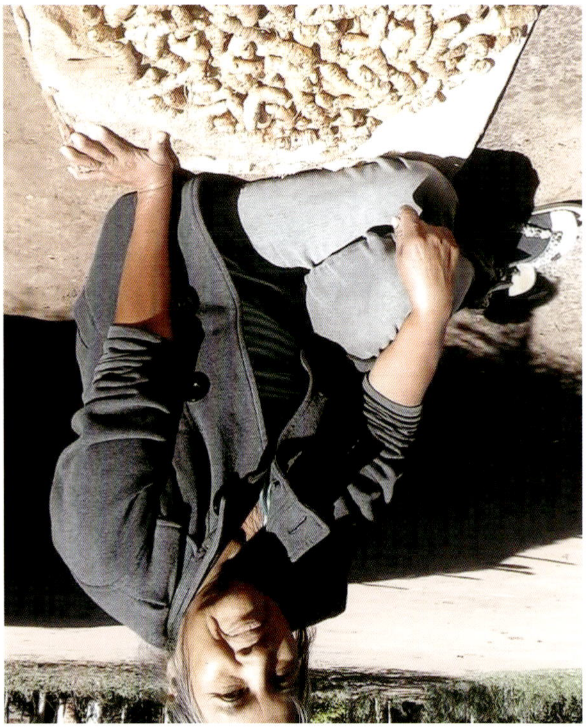
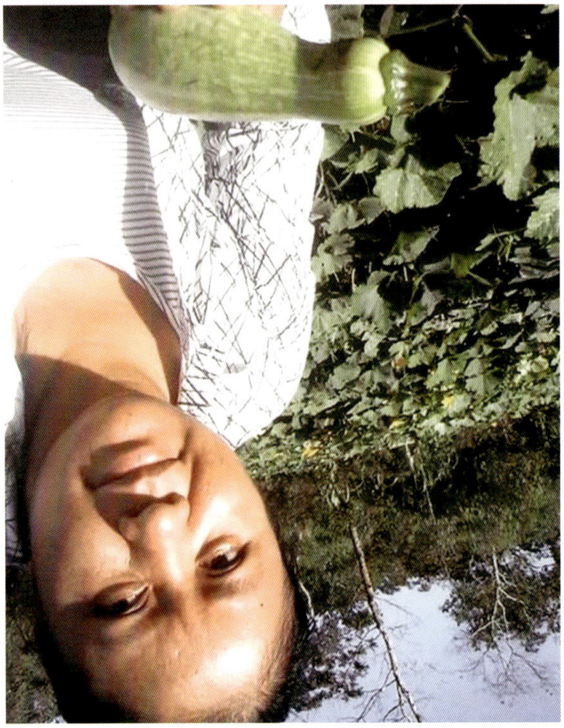
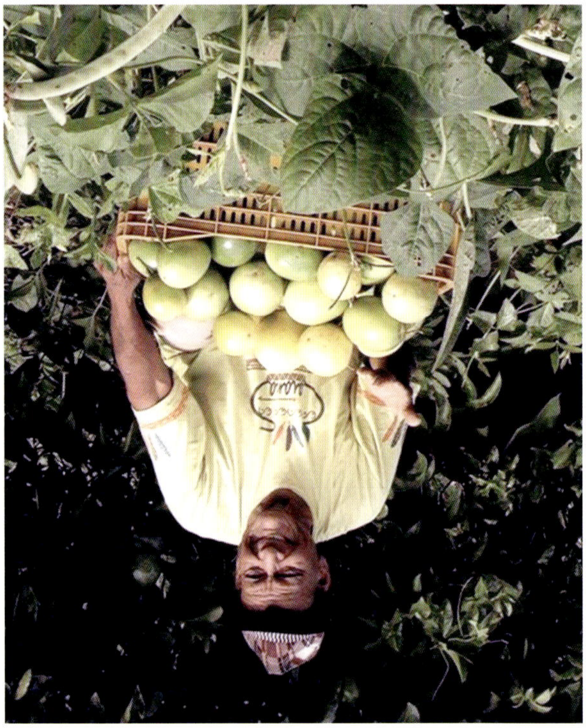

completo qualquer técnica agrícola até a chegada dos portugueses, o que os tornaria completamente dependentes da pesca, da caça e da coleta. Um equívoco. A mandioca, por exemplo, base da alimentação de muitos grupos em muitas aldeias, foi sempre cultivada. O mesmo se aplica à pimenta, ao cará, ao caju e às castanhas, manejadas ao longo de séculos, em áreas como o Parque Nacional do Xingu, no Mato Grasso, e a Terra Indígena Yanomami, entre o Amazonas e Roraima.

Os Yanomami também têm um mito fundador, contado pelo xamã, escritor e líder indígena Davi Kopenawa, que explica o advento da agricultura. "No primeiro tempo, foi Koyori, o ancestral da Saúva, que, quando a floresta ainda estava se transformando, descobriu nela o valor de fertilidade das roças e o transmitiu a nós", narra o escritor, referindo-se ao espírito que ensinou os Yanomami a trabalhar na terra, equivalente ao Oreka Yuvakae dos Terena. "Naquele tempo ainda não existia, porém, nenhuma planta cultivada. Para fazer com que surgissem da terra, Saúva apenas batia com o pé no chão repetindo: 'Que se espalhem as raízes destas plantas! O milho vai sair aqui! As bananeiras aqui!' Então, os pés de milho e as bananeiras logo começavam a crescer diante dos olhos. (...) No tempo em que Koyori veio a ser, ainda não existiam roças. As pessoas só comiam frutos da floresta. Foi ele que pediu as plantas cultivadas ao ser da fertilidade Në roperi. Foi ele o primeiro a fazer crescer milho, bananeiras, mandioca, taioba e cará. Ele nos ensinou esse trabalho."

De norte a sul, de aldeia em aldeia, do plantio ao beneficiamento dos alimentos e outros produtos – extrair e preparar a tinta do urucum, transformar mandioca em tapioca e beiju –, os povos indígenas trabalham em sinergia com a natureza, respeitando a floresta e o que vem dela. Para eles, nenhuma floresta deveria ser preservada como um santuário intocado. Ao contrário, sua tradição é de convivência

com a floresta, não para desmatar, abrir pastagens ou traficar madeira, mas numa relação de contribuição mútua, em que o cultivo nas sombras, ao pé das árvores maiores, beneficia não apenas a lavoura, mas também a floresta.

Quem criou a Amazônia?

A própria Amazônia, segundo pesquisas recentes, teria sido formada em parte pela ação dos povos originários, resultado de manejo sustentável, de lavouras integradas às espécies arbóreas, resultando na estratificação que lhe é característica.

Um desses estudos, publicado em 2015 na revista *Proceedings* da inglesa The Royal Society, listou 83 espécies vegetais domesticadas muito antes da chegada dos colonizadores à America do Sul. Desenvolvido por pesquisadores do Brasil e dos Estados Unidos, o trabalho confrontou a teoria (algo romântica) de que a Amazônia seria uma gigantesca mata virgem, à medida em que expôs evidências da influência humana milenar na região. O mais provável, segundo esses e outros cientistas, é que a floresta não existiria sem a presença humana – pelo menos não da forma como ela é. "Povos pré-colombianos domesticaram o arroz na Amazônia há 4 mil anos e moldaram partes da floresta plantando seringueiras, castanheiras e outros cultivos", declarou na ocasião o arqueólogo Eduardo Góes Neves, da USP, um dos autores da pesquisa.

Outro estudo, conduzido por arqueólogos, ecologistas e botânicos da Universidade de Exeter, da Inglaterra, e publicado na revista científica *Nature* em 2018, apontou indícios de atividade agrícola na Amazônia datados de 4,5 mil anos atrás. Não uma atividade predatória, mas uma atividade voltada para o melhoramento do solo e o emprego de práticas sustentáveis de cultivo, segundo a arqueóloga Yoshi Maezumi, coordenadora do trabalho. Uma das práticas que teriam

FOTO: ROGÉRIO ASSIS

Técnicas ancestrais são usadas pelo povo Ikpeng no plantio de sementes na aldeia Moygu, na Terra Indígena do Xingu (MT)

contribuído para produzir terra-preta e estimular o desenvolvimento da floresta é a técnica da coivara, empregada pela maior parte dos povos originários, que consiste em cortar e queimar a vegetação da área a ser cultivada. A um só tempo, abria-se a clareira e aproveitavam-se as cinzas. Ricas em cálcio e potássio, as cinzas funcionavam como uma espécie de fertilizante orgânico e natural. Quando o solo se esgotava, depois de alguns anos, os indígenas abriam uma nova clareira, em outra porção do território, deixando a clareira anterior descansar até sua recuperação.

Um terceiro trabalho, publicado em 2020 pela mesma revista *Nature*, confirmou a contribuição da agricultura ancestral para a formação da floresta amazônica ao demonstrar que já havia cultivo de mandioca na Amazônia há 10,3 mil anos – e de abóbora há 10,2 mil anos, de milho há 6,8 mil – e que essas espécies teriam contribuído para formar "ilhas" florestais: milhares de áreas de maior abundância vegetal, bem servidas de terra-preta, em meio a vastas planícies menos prósperas, nas quais os povos ancestrais não teriam trabalhado com igual afinco. Segundo a pesquisa, coordenada por professores de quatro universidades (a inglesa Exeter, a suíça Universidade de Bern, a catalã Pompeu Fabra e a norte-americana Universidade da Pennsylvania), essa agricultura teria contribuído para "moldar" a Amazônia, muito antes do que se pensava.

Conceber uma floresta do porte da Amazônia como resultado de uma ação humana "do bem", respeitosa e positiva, nos coloca diante de uma constatação incontestável, por mais surpreendente que possa parecer após séculos de exploração, espoliação e dominação branca: somos parte da natureza. Há certo estranhamento nessa frase. Fomos condicionados a contrapor natureza e humanidade. Nos habituamos a pensar a natureza como algo exterior a nós e sobre o qual devemos aplicar nossa

ciência, nosso conhecimento, nossa tecnologia, de modo a domesticá-la e transformá-la. Arrogantes e prepotentes, convencidos de uma suposta supremacia que não se verifica na prática – estão aí os tsunamis, as enchentes e a fome a nos lembrar das nossas limitações –, insistimos em repetir os mesmos hábitos que têm nos conduzido ao fracasso.

Em outras palavras, não ficamos presos no congestionamento: nós somos o congestionamento. Não sofremos com a poluição: somos nós que a fazemos. Não devemos apenas zelar pelo meio ambiente: o meio ambiente somos nós. "Fomos, durante muito tempo, embalados com a história de que somos a humanidade", escreveu Ailton Krenak no livro *Ideias para adiar o fim do mundo*. "Enquanto isso, fomos nos alienando desse organismo de que somos parte, a Terra, e passamos a pensar que ele é uma coisa e nós, outra: a Terra e a humanidade".

Ruptura metabólica

A constatação do divórcio entre humanidade e natureza pode parecer surpreendente, perversa, quiçá inconcebível, mas ela não é nova. Já por volta de 1860, quando escreveu O Capital, o filósofo alemão Karl Marx observou que a "agricultura capitalista" não era viável. Os indícios eram muitos. Segundo ele, a produção em larga escala associada ao uso de produtos químicos em quantidades crescentes logo esgotariam o solo.

A revolução industrial, por sua vez, vinha provocando um êxodo rural sem precedentes, convertendo milhões de camponeses em operários mal remunerados, dependentes dos produtos comprados nos mercados e desprovidos do pedaço de chão onde até pouco tempo antes plantavam sua subsistência (mesmo quando trabalhando para um senhor feudal). Marx apontou para a "ruptura irreparável no processo interdependente do metabolismo social".

24

Um século mais tarde, essa sua percepção foi sintetizada no conceito de ruptura metabólica, ou fratura metabólica, proposto por autores como o norte-americano John Foster. Essa fratura metabólica ainda está por ser superada.

Sem as condições necessárias para a própria sobrevivência, resta pouco aos trabalhadores além das jornadas exaustivas e da insegurança alimentar. Na virada dos anos 2020, a agricultura convencional exerce uma hegemonia ainda maior, tanto política quanto econômica, ampliando em progressão geométrica os problemas listados por Marx um século e meio antes. Não somente problemas socioeconômicos, como o empobrecimento da população e o aumento da desigualdade, tampouco de saúde pública, como a contaminação da água e dos alimentos, ou biológicos, como a fome e a desnutrição. Há um planeta em convulsão.

Eis o desafio: Como produzir alimento saudável em abundância, capaz de superar a fome e estender a toda a humanidade o direito fundamental à alimentação de qualidade, sem condenar o planeta?

Não parece haver solução fora da agricultura regenerativa, nenhuma saída que não passe pela "reconexão metabólica com a natureza", para pegar emprestada a feliz expressão utilizada pelo agrônomo Walter Steenbock no livro *A arte de guardar o sol*. "A reconexão de que estamos falando pode se dar a partir de uma fazenda, de uma agrofloresta, de um canteiro doméstico ou de uma horta urbana", escreveu. "Em qualquer pedaço de chão é possível aplicar práticas regenerativas, a partir do uso consciente dos padrões dinâmicos da natureza para a produção de alimentos". As agroflorestas citadas por Steenbock, quando agroecológicas, têm se mostrado o ambiente ideal para essa reconexão metabólica.

Sistemas agroflorestais são consorciamentos feitos entre espécies arbóreas perenes e espécies cultivadas com a finalidade de consumo ali-

mentar. Essa associação de espécies, embora conduzida por mãos humanas, busca reproduzir ecossistemas naturais e se inspiram na agricultura ancestral indígena, praticada pelos povos que plantaram nossas florestas, a fim de recuperar a fertilidade do solo e criar um ambiente favorável à produção conjunta de hortaliças, frutas, tubérculos, grãos, legumes, temperos e ervas medicinais. Quando essa combinação é feita sem o uso de produtos químicos, com manejo sustentável e promovendo a diversidade de espécies para além de alternâncias simplórias como a associação de eucalipto com gramíneas para pastagem, utilizada em fazendas de celulose, então o que se tem é um sistema agroflorestal agroecológico.

A inspiração vem de longe, de tempos imemoriais. Vem da arte de plantar árvores e combiná-las com gêneros alimentícios, unindo floresta e lavoura. Vem também do mutirão, do trabalho compartilhado, do compromisso com as próximas gerações, a quem devemos legar não somente a terra-preta e as técnicas de cultivo, mas também água potável em abundância, sementes livres de manipulação genética, alimentos sem veneno.

O biólogo Leosmar Antonio tem sido um aliado nesse processo de reconexão metabólica com a natureza. Filho do povo Terena, que se notabilizou como agricultor e cozinheiro durante a Guerra do Paraguai, Leosmar faz agrofloresta agroecológica nas seis aldeias que compõem a Terra Indígena Cachoeirinha, onde mora, no Mato Grosso do Sul, à beira do Pantanal. À frente da Organização Caianas (*Coletivo Ambientalista Indígena de Ação para Natureza, Agroecologia e Sustentabilidade*), com sede em Miranda (MS), Leosmar diz que muitos indígenas foram cooptados pela agricultura convencional ao longo do século 20, sobretudo por necessidade, ao recorrer às gigantes do agronegócio em busca de emprego, o que contriuiu para a adoção de hábitos inadequados, como o uso de agrotóxicos e a prática de monocultura também em suas terras.

26

Só recentemente, segundo ele, os Terena têm se voltado novamente para as práticas ancestrais: sustentáveis, regenerativas e agroecológicas.

"Desde os anos 1970, o que se buscou fazer com nosso povo foi um projeto de apagamento da nossa cultura e das nossas tradições", ele diz. "As cidades seduziram muitos de nós e permanecer na terra era considerado um atraso, principalmente pelos jovens. Nossos conhecimentos eram desvalorizados. Grandes fazendas chegaram até os limites das aldeias com suas máquinas e pesticidas. E a Funai, na ditadura, mandava medicamentos industrializados e desqualificava o uso que fazíamos, e que fazemos até hoje, de plantas curativas. As igrejas evangélicas se multiplicaram, ajudando a reduzir a influência dos nossos líderes espirituais, e a própria prática agroflorestal Terena foi atacada. 'Essa semente de vocês não presta...', 'este jeito de plantar entre as árvores não funciona...'. E toca a derrubar agrofloresta para substituir por monocultura."

Terrorismo, lembra?

Hoje, os Terena do Mato Grosso do Sul voltaram a produzir agrofloresta, a organizar rituais xamânicos, a usar plantas curativas. Mas, sobretudo, a priorizar uma prática agrícola agroecológica, com sementes crioulas (tradicionais), sem produtos químicos nem exploração da mão de obra. Algo digno de provocar inveja no Oreka Yuvakae em pessoa. 🌿

>
> **O que faz a luta popular caminhar na direção de um grande sonho é a certeza absoluta nesse sonho, certeza em uma realidade que ainda não se enxerga.**

Ranulfo Peloso, 2014

Se o campo não planta, a cidade não janta

Fotos: **Jonas de Souza Santos, Simone de Camargo e Camilo Vannuchi**

Uma outra agricultura é possível. No país do agronegócio, com quase 4 mil pesticidas à venda e pelo menos uma morte registrada a cada dois dias em razão do manejo e do consumo desses venenos, existe uma forma viável, saudável e sustentável de produzir alimentos. Numa época em que uma em cada seis pessoas passa fome no Brasil, enquanto grandes empresas batem recordes de exportação de soja e de carne bovina, é positivo e promissor saber que milhares de famílias praticam um modelo de cultivo e de comercialização baseado na consciência de que comida é antes um direito do que uma mercadoria.

Entre todas as organizações voltadas à prática da agroecologia, existe uma que tem batido recordes extraordinários, muito mais positivos do que os recordes de exportação de *commodities*, tão celebrados pelos ruralistas. Remando contra a maré da exploração predatória, essa organização se tornou não apenas a maior produtora de alimentos orgânicos do Brasil e o maior celeiro de arroz orgânico da América Latina como o maior e mais combativo movimento popular do Brasil. Seu nome é Movimento dos Trabalhadores Rurais Sem Terra, o MST.

FOTO: JONAS DE SOUZA SANTOS

No assentamento Jacy Rocha, em Prado, sul da Bahia, 267 famílias produzem mandioca, cacau, banana e café em 30 mil hectares cultivados em sistema agroflorestal agroecológico. O local sediou a primeira exibição pública do filme *Marighella*, de Wagner Moura, em 2021

O arroz do MST é fruto da reforma agrária, produzido principalmente no Rio Grande do Sul, em sistema de cooperativa, por 294 famílias assentadas em onze municípios. Em 2021, foram produzidas no estado 15,5 mil toneladas do grão. Em meados de 2022, a exitosa experiência gaúcha começava a ser expandida para assentamentos da Bahia, do Paraná, do Maranhão e do Rio Grande do Norte.

Em todo o Brasil, cerca de 450 mil famílias organizadas no MST viviam em assentamentos em 2022. Outras 90 mil permaneciam acampadas, reivindicando na justiça e na política o cumprimento do princípio constitucional da função social da terra, segundo o qual uma propriedade só deve existir se for bem aproveitada, primando pela produção, pela preservação ambiental, pelo manejo adequado dos recursos naturais e pelo bem-estar da população. No caso do MST, defender a função social da terra é lutar pela desapropriação dos latifúndios improdutivos e sua conversão em lotes a serem transferidos para trabalhadores em busca de um lugar onde viver e trabalhar. O nome disso é reforma agrária.

Articulados em 1.900 associações, 160 cooperativas e 120 agroindústrias, os trabalhadores rurais do MST, juntamente com outros pequenos agricultores e povos tradicionais, são responsáveis por mais de 70% dos alimentos que chegam às mesas dos brasileiros.

Na área social, os números são igualmente impressionantes. Entre maio de 2020 e dezembro de 2021, auge da pandemia do novo coronavírus no Brasil, o MST doou 6 mil toneladas de alimentos e distribuiu 1 milhão de marmitas para setores da população com maior vulnerabilidade social. Tudo produzido de forma sustentável e agroecológica. O reconhecimento internacional foi imediato. Em outubro de 2021, o MST foi uma das cinco instituições homenageadas com o prêmio Esther Busser de justiça social, concedido pela Organização Internacional do Trabalho (OIT).

Transição agroecológica

Nem sempre foi assim. A transição agroecológica foi sendo construída ao longo do tempo nas fileiras do Movimento. Quando fundado, em 1984, ainda na ditadura militar, num ano de grandes mobilizações por eleições diretas e apenas cinco meses após o nascimento da Central Única dos Trabalhadores (CUT), maior entidade sindical do Brasil, o MST atuava quase que exclusivamente na luta pela reforma agrária. A meta era conseguir um pedaço de chão para poder morar e subsistir.

O lema do MST, entoado desde sua fundação, sintetiza as principais lutas do Movimento nos anos 1980 e 1990: "Ocupar, resistir e produzir". Era preciso ocupar os lotes improdutivos até que a reforma agrária fosse feita; resistir às ações de reintegração de posse e às ameaças dos latifundiários; e era preciso produzir, apesar da escassez de recursos e da precariedade da infraestrutura nos assentamentos.

Até os anos 1990, não havia uma orientação que estabelecesse diferenças significativas em relação à agricultura convencional. Existia, sim, uma postura de cuidado com a terra conquistada, fonte de vida e de alimento, local de moradia e luta. Mas, na roça, os assentados tentavam reproduzir as técnicas e tecnologias adotadas pelas grandes empresas, como o uso de fertilizantes e pesticidas químicos e o emprego de sementes geneticamente modificadas, premidos pela ideia da paridade de armas. "O objetivo principal era a renda, que esses assentamentos tivessem viabilidade econômica", conta Kelli Mafort, da direção nacional do MST.

Foi necessário assentar as primeiras famílias para perceber que a democratização da terra não bastava. Como comprar sementes e insumos? Como recuperar o solo degradado? Como sobreviver da venda de excedentes sem uma política de escoamento? Como competir com as grandes fazendas, associadas a bancos e empresas transnacionais?

FAZENDO
AGROECOLOGIA
RESISTIREMOS

FOTOS: JONAS DE SOUZA SANTOS

Produzir alimento saudável de forma sustentável e sem veneno é uma das bandeiras do MST. Abaixo, produção de melão agroecológico no Nordeste

O resultado, por muitos anos, foi a frustração dos assentados, que, sem os mesmos recursos dos grandes produtores e sem acesso a programas de financiamento, fracassavam na tentativa de alcançar um índice competitivo de produtividade. Tampouco obtinham lucro, tamanha a dificuldade de colocar seu excedente nas prateleiras e chegar ao consumidor final. Muitos preferiram trocar o lote por um subemprego na cidade, convencidos de que aquela agricultura não os salvaria da miséria.

Nascido na esteira da Revolução Verde dos anos 1970, uma estratégia colonizadora promovida pelos Estados Unidos e por países da Europa que nada tinha de verde e que, em tempos de Guerra Fria, buscou enfiar fertilizantes, agrotóxicos e sementes transgênicas goela abaixo da população dos países subdesenvolvidos, com incentivos fiscais para quem adotasse o "pacote" e sob o falso argumento de que essa combinação conseguiria acabar com a fome, o MST precisou se reinventar.

A reinvenção se deu na segunda metade dos anos 1990, quando o Movimento incorporou três pilares: a segurança alimentar, a educação no campo e a agroecologia. "Entendemos que nosso maior objetivo deve ser garantir comida de qualidade para os próprios assentados e investir na formação das novas gerações, pensando em sua independência", diz Kelli. "E, no âmbito do modelo de cultivo, a virada foi proposta pelas mulheres assentadas, as primeiras a puxar o carro da agroecologia, preocupadas com a saúde e com a viabilidade das lavouras."

Os passos seguintes foram a substituição gradual da monocultura por sistemas diversos, economicamente mais viáveis para os pequenos agricultores, e a troca dos insumos químicos por adubos e repelentes naturais, sem veneno. A última etapa, e a mais decisiva delas, foi perceber que não fazia sentido um coletivo como o MST produzir comida com os mesmos vícios das multinacionais capitalistas, que visam ao lucro e pouco ou nada fazem pela saúde e o bem-estar das pessoas. "Foi aí que

nos demos conta de que a verdadeira missão do Movimento não era apenas democratizar a terra, mas produzir alimentos para toda a sociedade", conta o economista João Pedro Stédile, fundador do MST. "E não qualquer alimento, mas alimento saudável! Porque os grandes fazendeiros às vezes produzem alimentos, mas com muito agrotóxico."

Stédile diz que a produção de alimentos saudáveis para toda a sociedade foi incorporada aos objetivos do MST e assimilada como missão por seus integrantes. "Para produzir alimentos saudáveis, tivemos que unir dois conhecimentos: a sabedoria popular, que vem de geração em geração, e o conhecimento científico, sistematizado nas universidades", diz. "Dessa junção nasceu a necessidade da agroecologia."

São marcos desse processo o IV Congresso Nacional do MST, de 2000, em que se reafirmou a preocupação dos assentados com a defesa do meio ambiente e se firmou um compromisso com a superação do modelo agrícola "das elites, que defende os produtos transgênicos, as importações de alimentos, os monopólios e as multinacionais", conforme o documento síntese do congresso. Em seu lugar, o MST passaria a "realizar debates com a sociedade em geral, nos colégios, etc.", "promover campanhas para evitar o consumo de alimentos transgênicos pelo povo" e "deixar claro qual é o nosso projeto para a sociedade". A resolução de 2000 também estabeleceu a meta de "desenvolver linhas políticas e ações concretas na construção de um novo modelo tecnológico, que seja sustentável do ponto de vista ambiental, que garanta a produtividade, a viabilidade econômica e o bem-estar social".

Transição agroflorestal

Uma década depois, o MST deu início a uma nova transição. Para além da agroecologia, os assentados começaram a descobrir as agroflorestas, sistema de cultivo que conciliava as principais bandeiras do Movi-

mento, como a soberania nacional e o cuidado com o ambiente – e, pela primeira vez, garantia alimento e renda para milhares de famílias.

Alguns indicadores reunidos nos primeiros anos do século contribuíram para essa tomada de posição. Primeiro, foi feita em 2009 uma radiografia inédita da agricultura familiar, conduzida pelo Ministério do Desenvolvimento agrário com base em dados do IBGE e do Censo Agropecuário de 2006. O estudo revelou que a produtividade da agricultura familiar é maior e mais rentável, e não apenas mais diversa, do que a produtividade da agricultura patronal. Além disso, embora as pequenas e médias propriedades familiares ocupassem apenas 24% da área agrícola brasileira, elas respondiam por 38% do valor bruto da produção e por 34% das receitas no campo. Ou seja, eram mais eficientes. Ainda segundo a mesma pesquisa, enquanto a agricultura familiar gerava R$ 677 por hectare ao ano, a não familiar gerava R$ 358, um valor 47% menor.

A supremacia da agricultura familiar mostrou-se especialmente desproporcional na produção de alimentos. As exceções eram as *commodities* destinadas à exportação, como a produção de bovinos (70% em agricultura patronal e 30% em agricultura familiar) e de soja (84% contra 16%). No caso do feijão, 70% do total produzido no Brasil é resultado da agricultura familiar, inclusive em terras da reforma agrária. No caso da mandioca, a produção familiar supera 87% do total.

A produtividade é ainda maior quando há consorciamento de espécies, inclusive de espécies arbóreas com hortaliças e leguminosas, como nos sistemas agroflorestais. "A produção na agrofloresta a gente calcula por metro cúbico, e não por metro quadrado", comenta o educador agroflorestal Namastê Messerschmidt, parceiro do Movimento há mais de uma década, referindo-se ao fato de que a produção se dá em estratos, em camadas. "Há exemplos de agroflorestas que chegam a produzir 70 toneladas de alimentos por hectare em um ano, um apro-

veitamento muito superior ao da agricultura convencional, que só se mostra viável em grandes extensões".

A popularização da agrofloresta nos assentamentos foi, em certa medida, uma estratégia motivada pelo tamanho dos lotes. Em áreas com metragem reduzida, obter o melhor aproveitamento do espaço é fundamental para alimentar quem nele reside. Se optasse por cultivar uma única espécie para venda, o assentado ficaria refém daquela safra e dependeria do futuro comprador para poder trocar o dinheiro por comida nos mercados da cidade. Graças ao consorciamento de espécies, essas famílias garantem alimentação diversa e saudável com o que vinga no quintal: batata, mandioca, cará, abóbora, milho, feijão, berinjela e uma abundância de frutas e hortaliças. A comercialização do excedente converte-se em fonte de renda para comprar o que não se pode produzir.

Um dos desafios que ainda persistem é de ordem cultural. Muitos agricultores associam a presença de árvores na lavoura a algo inútil, que rouba espaço que poderia ser aproveitado no cultivo e que ainda atrapalha a livre circulação dos tratores. Para esses, o ambiente da agrofloresta parece caótico, sujo, desordenado. Acostumaram-se a "limpar" o solo, a arrancar qualquer folhinha que ousasse brotar entre os pés de couve, de café ou de milho, e muito raramente compreendem que um chão coberto de folhas de bananeira ou de casca de coco pode representar maior cuidado do que um chão arado mecanicamente e polvilhado de fertilizante. "Estamos nessa etapa de mostrar que é possível produzir alimentos e, junto com eles, ter a floresta, numa combinação em que os dois não só sobrevivem, mas que seja de mútua colaboração", diz Stédile.

Esse aprendizado motivou a direção do MST a propor os sistemas agroflorestais agroecológicos como prática agrícola a ser amplamente incorporada aos assentamentos nas próximas décadas. Eles são um dos pilares do projeto "Plantar árvores, produzir alimentos saudáveis", lança-

do pelo MST em 2020. Outra meta do projeto é cultivar 100 milhões de árvores ao longo de dez anos como parte de um esforço para reflorestar áreas desmatadas em todos os biomas brasileiros.

O papel do Estado

Nos primeiros anos do século XXI, na esteira das políticas propostas no âmbito do Fome Zero, foram criados programas federais que contribuíram para fortalecer a agricultura familiar, inclusive a agricultura familiar agroecológica praticada nos assentamentos. O principal deles foi o Programa de Aquisição de Alimentos (PAA), instituído em julho de 2003. Com ele, o Estado passou a adquirir produtos da reforma agrária (e da agricultura familiar em geral) – com prioridade para os alimentos orgânicos, comprados por um valor até 30% mais alto – a fim de abastecer equipamentos e ações do Governo Federal, como órgãos da administração pública e serviços vinculados ao Ministério da Cidadania, sempre por meio de cooperativas, selecionadas via edital. Para quem produz, a garantia de compra traz segurança e estimula novos investimentos na lavoura, como ampliação da área cultivada ou melhorias na infraestrutura de modo a aumentar o volume de produção e as vendas.

Junto com o PAA, foram feitas adaptações em programas federais já existentes, como o Programa Nacional de Alimentação Escolar (Pnae) e o Programa Nacional de Fortalecimento da Agricultura Familiar (Pronaf), com impacto direto na agricultura familiar agroecológica, inclusive nos assentamentos. A merenda escolar, por exemplo, foi descentralizada, passou a priorizar hábitos alimentares regionais e a permitir que até 30% dos recursos empenhados na aquisição de comida fossem utilizados na compra de produtos in natura em cooperativas agroecológicas do município ou de municípios vizinhos. Já o Pronaf, principal instrumento de financiamento da agricultura familiar, que permite a compra de máquinas, sementes ou outros insumos, foi am-

pliado, passou a beneficiar agricultores de todo o Brasil e estabeleceu linhas de crédito específicas para produtores empenhados em promover sistemas de agricultura diversos e sustentáveis, como o Pronaf agroecologia, o Pronaf semiárido e o Pronaf florestas.

"Essa conjunção de programas foi o pulo do gato", diz o agricultor e engenheiro agrônomo Nelson Eduardo Corrêa Neto, um dos coordenadores da Cooperafloresta, associação de agricultores familiares constituída em 2003 no Vale do Ribeira, em São Paulo, que passou a produzir em sistema agroflorestal agroecológico. "Com a aquisição de alimentos, saímos de uma situação muito pouco viável, sem estrutura de comercialização, e chegamos a um nível de escoamento que, poucos anos depois, nos permitiu instalar uma agroindústria. Nosso caminhão recolhia produtos num raio de 150 quilômetros", lembra. Uma das primeiras iniciativas de agrofloresta naquela região, o projeto Agroflorestar foi coordenado por Nelson e teve patrocínio da Petrobras Socioambiental. Em seguida, Nelson foi convidado para ajudar a desenvolver agrofloresta no Contestado, outro assentamento vocacionado para a agroecologia, na Lapa (PR). O investimento em novos modelos de agricultura era levado a sério.

Em 2022, encontramos Nelson em outro assentamento, agora no Mário Lago, em Ribeirão Preto (SP). No coração do agronegócio, num município que já foi chamado de Califórnia brasileira e que detém boa parte do PIB sucroalcooleiro do país, 468 famílias assentadas, 264 delas organizadas no MST, buscam recuperar o entusiasmo que marcou a atividade agroecológica no Vale do Paraíba e no Paraná uma década antes.

Assentados do Mário Lago optaram por fazer agrofloresta inspirados por aquelas experiências. Perceberam, principalmente, que os sistemas agroflorestais agroecológicos contribuíam para recuperar o solo em vez de degradá-lo, tornando desnecessário o uso de fertilizantes e outros insumos. Também se deram conta de que, assentados em lotes de apenas

FOTO: SIMONE DE CAMARGO

FOTO: CAMILO VANNUCHI

No assentamento Mário Lago, em Ribeirão Preto (SP), o desafio é escoar a produção, segundo o Sérgio Eleutério (acima). Para agregar valor, Régia processa a mandioca: descasca, cozinha, embala a vácuo ou faz nhoque

Mariano Oliveira, no
assentamento Mário Lago,
exibe sua coleção de sementes
crioulas: resistir às investidas
das variedades transgênicas

1,5 hectare, numa região em que o Instituto Nacional de Colonização e Reforma Agrária (Incra) recomendava lotes de 7 hectares, o cultivo de espécies consorciadas e estratificadas seria a única alternativa para aumentar a produção. Ainda assim, a maioria dos assentados depende de um emprego na cidade para sobreviver, resultado, principalmente, do desmonte das políticas públicas que, em outros tempos, tiveram o condão de transformar para melhor a vida de muitos agricultores. "Quando até o presidente da cooperativa trabalha como pedreiro para garantir o sustento da família, é porque algo não vai bcm", avalia o agricultor Sérgio Eleutério, um dos moradores do Mário Lago.

No lote de Eleutério, há espécies de diferentes alturas. Mandioca, abacaxi, mamão, café, cúrcuma, banana e manga convivem com ervas aromáticas e hortaliças. Sua disposição para o trabalho esbarra, em 2022, na mesma ausência de canais de escoamento que maltratava os assentamentos na virada do século. "Uma cooperativa que compra apenas R$ 400 por mês em produtos não permite que a 'safa' seja sustentável", ele diz, referindo-se ao "sistema agroflorestal agroecológico", expressão usada pelos agricultores para se referir às lavouras consorciadas.

Basta meia hora de conversa com ele para descobrir que o PAA foi desmontado, pelo menos em Ribeirão Preto. Sem compra garantida nem uma política competitiva de financiamento da agricultura familiar agroecológica, lavradores como Eleutério encontram dificuldades para se manter. Enquanto sobrevivem, elaboram estratégias para ganhar um pouco mais. "A cooperativa paga R$ 3,5 no quilo da mandioca orgânica, enquanto a mandioca convencional está à venda em qualquer supermercado de Ribeirão por R$ 7", reclama Eleutério. Dona Régia, a esposa, tomou a iniciativa de processar alimentos para agregar valor. Meio quilo da mandioca cozida e embalada a vácuo, por exemplo, custava R$ 5 na cooperativa em 2022. Régia também passou a fazer nhoque de mandioca.

FOTO: SIMONE DE CAMARGO

Na casa de Mariano Alves de Oliveira, a hesitação é semelhante. Com a família vivendo a maior parte do tempo na cidade, ele tem esperança de que novas políticas públicas contribuam para trazer segurança aos assentados que queiram trabalhar na terra. Para funcionar, ele diz, é preciso que mais gente trabalhe nos lotes, talvez em sistema de mutirão, para que a produtividade aumente. Segundo Mariano, se a oferta de produtos aumentar, a venda vai aumentar também, porque a cooperativa poderá firmar contratos com estabelecimentos maiores, que precisem de fornecimento abundante e periódico. Ou seja: uma renda mensal garantida, semelhante à que existia na época do PAA.

Esse e outros programas começaram a ruir em 2013, quando uma operação conduzida pelo juiz Sérgio Moro, da 13ª Vara Federal de Curitiba, resultou na prisão de dez agricultores do Paraná, alguns deles do MST. A operação foi batizada de Agrofantasma. Segundo a sentença[*], tais produtores rurais estavam organizados numa espécie de quadrilha e faziam parte de um esquema de fraude e desvio de dinheiro com a Companhia Nacional de Abastecimento (Conab), a estatal responsável pelos contratos do Programa de Aquisição de Alimentos. Tudo porque certas especificações técnicas desses contratos não eram compatíveis com as notas fiscais emitidas nem eram acatadas nas cestas de alimentos. Em razão da sazonalidade da produção agroflorestal, as cooperativas investigadas, quando não podiam entregar 40 quilos de batata inglesa na data estipulada, substituíam por 40 quilos de cará ou batata doce, por exemplo. Aos olhos do juiz, tratava-se de um crime. "Esses agricultores nem sabiam que estavam sendo investigados e, de repente, tiveram suas casas invadidas pela polícia antes das 6 horas da manhã", conta a advogada Naiara Bittencourt, da organização da sociedade civil Terra de Direitos.

A espetacularização do caso se desenrolou como um prenúncio do que viria a ocorrer na Lava Jato, criada no ano seguinte. Compu-

---

[*] Ação Penal nº 5046695-70.2013.404.7000/PR, disponível no portal da Justiça do Paraná como processo eletrônico nº 500.2656-67.2013.404.7006, instaurado em 28 de outubro de 2013.

tadores apreendidos, trabalhadores algemados na frente das crianças, conduções coercitivas, prisões arbitrárias, coletivas de imprensa, sempre sob o argumento de que os agricultores formavam uma quadrilha que estaria desviando recursos públicos que deveriam ir para as crianças necessitadas. No total, foram oito ações penais e quarenta pessoas acusadas. Os réus foram mantidos em prisão cautelar por cerca de 60 dias. e, depois disso, responderam em liberdade até serem absolvidos, todos eles, entre 2017 e 2020. Os presidentes de três associações agrícolas e gestores da Conab também foram presos. Um dos resultados desse processo foi a modificação nos contratos firmados com a Conab, a fim de autorizar, no âmbito administrativo, a entrega de produtos equivalentes. Outro resultado foi a intimidação. Traumatizados, muitos não quiseram voltar à atividade agrícola, outros não quiseram mais participar do PAA. A Associação Agroecológica São Francisco de Assis, em Irati, uma das entidades investigadas por Moro, tinha 120 associados e caiu para praticamente zero durante a tramitação do caso.

Todos esses elementos permitem qualificar a operação Agrofantasma como uma aula de terrorismo de Estado, um exemplo bem-sucedido de criminalização da agricultura familiar agroecológica. Em 2022, foi a vez de os agricultores moverem ações contra a União por abuso de poder.

Sobre como escoar a produção, um dos instrumentos propostos pelo MST para enfrentar esse gargalo foi criar uma rede de lojas próprias e abrir unidades em municípios com maior potencial de venda. O primeiro Armazém do Campo foi inaugurado em 2016, em São Paulo, e logo se converteu numa inspiradora combinação de mercado, bar, café e livraria, com calendário de oficinas e rodas de samba. Em outubro de 2022, havia dezoito unidades do Armazém do Campo em dezoito municípios, de onze estados. Aos poucos, a rede começa a se consolidar também com opções de venda online e entrega em domicílio. 🌿

"

Eu quero morar
Numa casinha feita a mão
Numa floresta onde eu possa
Plantar o que eu quiser
E andar de pés no chão

"

Nanan, 2019

A revolução será agroflorestal

Fotos: **Célio Alves Ribeiro, Ylder Silva e Associação Agrodóia**

Chega mais perto, leitora. Arreda pra cá, leitor. Aceita um café agroecológico? Nossa prosa carece de intimidade e o que vem agora é troca, diálogo, papo-reto ao pé do fogo. Afinal, este livro caminha para as últimas páginas – ao menos para quem já leu o outro lado! – e ainda não respondemos à pergunta que nos tem guiado desde a primeira linha: Como produzir alimento em abundância e vencer a fome sem envenenar as pessoas, esgotar o solo, desmatar as florestas, contaminar os rios, explorar os trabalhadores e destruir o planeta?

O desafio que se apresenta é urgente. De que adianta traçar um diagnóstico preciso da fome no Brasil, observar a maior das violências sob a perspectiva das políticas públicas adotadas nas últimas décadas e denunciar práticas que ajudam a agravar a insegurança alimentar se não soubermos fazer as mudanças necessárias no modelo hegemônico de produção de alimentos e elaborar novas estratégias para superar essa gravíssima violação de direitos? Chegou a hora de dar o passo decisivo na direção do que é ecologicamente correto, economicamente viável e socialmente justo. Precisamos falar sobre uma transição que já não pode ser adiada. "A revolução será agroflorestal", é o que aprendemos com o educador agroflorestal Namastê Messerschmidt. Tem certeza de que não quer um café?

O plantio consorciado de espécies agrícolas e arbóreas, com diferentes estágios de estratificação, é um dos fundamentos dos sistemas agroflorestais

FOTO: YLDER SILVA

Comecemos com um toque de poesia. Mineiro de Itabira, região historicamente maltratada pela extração predatória de minério de ferro, o poeta Carlos Drummond de Andrade publicou certa feita, num distante ano de 1973, um poema intitulado *O homem; as viagens*. Nele, conta-se que o homem, "bicho da Terra tão pequeno", chateia-se em seu planeta, "lugar de muita miséria e pouca diversão", e embarca num foguete rumo à Lua.

Desce cauteloso na Lua
Pisa na Lua
Planta bandeirola na Lua
Experimenta a Lua
Coloniza a Lua
Civiliza a Lua
Humaniza a Lua.
Lua humanizada: tão igual à Terra.
O homem chateia-se na Lua.
Vamos para Marte – ordena a suas máquinas.

E assim, sucessivamente, o homem vai a Marte, Vênus e Júpiter. Põe os pés no Sol e quase morre de tédio. Esgota todo o sistema solar e parte em busca de outros sistemas. Universo colonizado, civilizado e humanizado, nenhum lugar lhe agrada. Até que, sem opção, viaja em direção a si mesmo, a fim de colonizar, civilizar e humanizar o homem.

Ao longo dos séculos, foi mais ou menos isso que a humanidade fez com a agricultura que hoje chamamos de convencional. Na ânsia por aumentar a produção e estocar excedentes – séculos atrás, para sobreviver nos meses de inverno; hoje, para vender cada vez mais –, homens e mulheres expandem seus territórios, esticam arame farpado ao redor de seus domínios e deixam pegadas irreversíveis. Envidam grandes esforços para domesticar a terra até esgotá-la, até o ponto em

que ela já não serve mais. Então, na impossibilidade de partir para outra galáxia, transformam o solo em algo que muito pouco tem de solo para produzir produtos agrícolas que muito pouco têm de alimento.

Mesmo sem perceber, agricultores e fazendeiros operam segundo a lógica da competição. Competem com os insetos e as pragas, com as chuvas e com a falta delas, com a natureza: essa coisa selvagem, rústica, a ser domesticada a todo custo, como a Lua ou Marte no poema de Drummond. Em nome da competição, deram de cobrir toda a propriedade com uma única espécic, na esperança de aumentar a escala e reduzir os custos, intensificando a produtividade e ampliando a capacidade de escoamento. Em nome da produtividade, adotaram uma política de tolerância zero contra o próprio ecossistema. E toca a expulsar qualquer plantinha estranha àquela monocultura, a limpar o terreno, a arrancar do solo toda diversidade até torná-lo asséptico, inorgânico, como quem bota uma redoma em torno de uma flor. Espécies não cultivadas foram rebatizadas como ervas daninhas – e erva daninha boa é erva daninha morta, carece de ser arrancada. Apenas os mais aptos sobreviverão, foram ensinados a pensar.

A disseminação dos agrotóxicos tornou a competição mais truculenta. Tem mato no sistema? Arranca-se o mato. Insistiu? Pulveriza-se a lavoura com herbicida. Não fez efeito? Triplica-se a dose. Para cada invasor, um tipo diferente de veneno. Uma nuvem de gafanhotos se aproxima? Pesticida nela. Um fungo se instalou nas copas das árvores do pomar? Fungicida nelas. O problema são as formigas cortadeiras? Taca-lhes formicida. "Pouca saúde e muita saúva, os males do Brasil são", decretou Macunaíma, o herói sem nenhum caráter, no livro publicado por Mário de Andrade em 1928. Em *Um copo de cólera*, lançado meio século depois, em 1978, Raduan Nassar descreve o momento em que um fazendeiro se desespera ao descobrir uma fileira de for-

migas cruzando a cerca de sua propriedade. Tivesse um pulverizador de veneno à mão, nada daquilo teria acontecido. A literatura brasileira nunca mais foi a mesma após o advento da sulfluramida e do fipronil.

Na era da competição, a regra tem sido matar, eliminar, banir. Há, no entanto, um outro mundo possível, enunciado pelos profetas da sustentabilidade e pelos arautos da agricultura regenerativa. Em vez de arrancar o mato, por que não se beneficiar dele? Em vez de despejar quantidades cada vez mais obscenas de fertilizantes químicos para suprir a demanda da lavoura por nitrogênio, fósforo ou potássio – depois depois de ter comprometido a fertilidade do solo submetendo-o a uma jornada exaustiva de monocultura e manejo irresponsável –, por que não cultivar espécies consorciadas que sejam pródigas em fixar nitrogênio, fósforo e potássio e devolvê-los ao solo?

Da competição à cooperação

Uma agricultura responsável, sustentável e regenerativa é aquela que busca substituir competição por cooperação. Na natureza, espécies se ajudam, auxiliam umas às outras e colaboram entre si. Ao mesmo tempo, há plantas, seivas e extratos naturais que afastam formigas, espantam insetos ou atraem animais aptos a acabar com eles, como os sapos e os tamanduás. Há ordem no caos, uma construção essencialmente coletiva. Florestas tropicais, como a Mata Atlântica e a Amazônia, resultaram dessa fecunda parceria, um tipo todo especial de sororidade, que torna as plantas e os bichos cúmplices uns dos outros. Natureza é integração, e é isso que tem sido observado por aqueles que apostam em sistemas agroflorestais agroecológicos em busca de saúde e abundância, segurança alimentar e preservação do meio ambiente.

Não são apenas os povos indígenas e os assentados do MST que têm elegido as agroflorestas como sistemas produtivos prioritários,

AGRICULTURA FAMILIAR

Cultivo feito em pequenas propriedades rurais e apoiado essencialmente no trabalho dos membros do núcleo familiar residente naquela terra. O alimento produzido é destinado prioritariamente em garantir a segurança alimentar da própria família, enquanto o excedente é comercializado por meio de cooperativas e associações. Diferencia-se, portanto, da agricultura patronal, que emprega trabalhadores para produzir para o mercado.

AGRICULTURA AGROECOLÓGICA

Sistema adotado na contramão da agricultura convencional com o objetivo de garantir que a produção seja sustentável e em sintonia com o ambiente. O manejo deve ser responsável no que se refere aos recursos naturais, zelando pela regeneração do solo e a proteção dos mananciais, por exemplo, e também nos aspectos social e cultural, garantindo condições dignas de trabalho e valorizando a diversidade e a solidariedade nas relações com a comunidade.

AGRICULTURA ORGÂNICA

É aquela que não admite o emprego de insumos químicos, como fertilizantes sintéticos e agrotóxicos, nem sementes geneticamente modificadas, garantindo que o processo de cultivo seja o mais natural possível, minimizando os impactos negativos na saúde e na natureza. De forma análoga, a pecuária orgânica veta o uso de antibióticos e a imposição de padrões mecanizados responsáveis por causar sofrimento aos animais.

AGROFLORESTA

Sistema de aproveitamento do solo em que o cultivo de espécies agrícolas e forrageiras, como as leguminosas e as hortaliças, se dá em associação com o manejo de espécies arbóreas, em diferentes estratos ou camadas. Este sistema reproduz o comportamento natural das espécies na formação das florestas, em cooperação umas com as outras, e permite produzir alimentos ao mesmo tempo em que se regenera o solo e as matas.

Cada canteiro destinado à agrofloresta é chamado de SAFA: Sistema Agroflorestal Agroecológico. Aqui, espécies serão intercaladas

FOTO: YLDER SILVA

como vimos nos capítulos anteriores. As agroflorestas têm se revelado iniciativas muito consistentes para turbinar a agricultura familiar e também uma alternativa viável para produzir alimentos com qualidade, variedade e periodicidade. Esses sistemas são igualmente flexíveis na hora de adaptar a produção à demanda. Aumentou a procura por tomate, amplia-se a área de cultivo de tomate. Firmou-se um contrato para abastecer a escola estadual com cenoura, batata, mandioca e cará, introduz-se um número maior de mudas dessas espécies no sistema.

Em 2017, o último Censo Agropecuário realizado no Brasil (uma nova edição estava prevista para 2023) foi feito antes do período de maior divulgação e popularização dos sistemas agroflorestais, modelo de produção que teve sua fase de maior expansão na virada da década de 2020. Ainda assim, o levantamento do IBGE confirmou o aumento significativo da área ocupada por sistemas agroflorestais. Em dez anos, entre o Censo Agropecuário de 2006 e o de 2017, a porção destinada à agrofloresta no país passou de pouco mais de 8 milhões de hectares para quase 14 milhões. No Mato Grosso, epicentro do agronegócio, o salto foi de 393 mil hectares para 891 mil hectares: aumento de 145%. A participação desses sistemas no conjunto das terras destinadas à agricultura ainda é incipiente, mas os resultados são muito promissores.

Coisa de novela

No remake da novela *Pantanal*, exibido na TV Globo em 2022, sistemas agroflorestais foram apresentados como símbolos de uma nova agricultura, moderna e contemporânea. Na trama, duas gerações discutem a necessidade de substituir métodos convencionais, sabidamente predatórios, por formas sustentáveis de produção, a fim de ajudar no enfrentamento de questões urgentes como esgotamento do solo, contaminação dos rios e mudanças climáticas. Joventino, o filho de vinte e poucos anos, é quem interpela o pai, o latifundiário Zé Leôncio.

— A gente tem que mudar isso agora, e não depois — diz o filho, mostrando ao velho um vídeo produzido num sistema agroflorestal biodiverso (no qual são cultivadas diferentes espécies vegetais, em diferentes estratos, das hortaliças às grandes árvores frutíferas ou destinadas à exploração de madeira).

— O discurso é muito bonito, mas isso não se sustenta fora do papel — responde o pai latifundiário, preocupado com a produtividade e a escala do empreendimento.

— Pai, produzir de forma sustentável é a única saída, não só para a sua empresa, mas em qualquer lugar do mundo — o jovem replica. — Agrofloresta funciona. Tem umas mais biodiversas do que as outras, mas qualquer modelo, por mais simples que seja, é melhor do que esse que está sendo usado agora.

— Você acha que você vai mudar a forma de fazer agricultura, assim, da noite para o dia?

— Acho que a gente precisa tentar. Pelo menos fazer a nossa parte.

Na vida real, há famílias com tradição no agronegócio que têm se empenhado em fazer a transição sugerida, na ficção, por Joventino. Vinicius Biagi Antonelli, neto de Maurílio Biagi, referência na indústria sucroalcooleira paulista, criou o instituto Nova Era para desenvolver projetos de agricultura regenerativa na região de Ribeirão Preto (SP). Desde 2015, ele produz e beneficia mandioca, banana, plantas medicinais e outras espécies para o mercado (além de criar galinhas, codornas e tilápias para consumo interno) no Sitião Agroflorestal, uma propriedade de 40 hectares que, até 2014, estava tomada por cana-de-açúcar.

Em Itirapina (SP), Pedro Paulo Diniz, filho de Abílio Diniz, fundador da rede de supermercados Pão de Açúcar, mantém a Fazenda da

Toca, uma grande propriedade com 2.400 hectares focada em alimentos orgânicos (ela lidera a produção de ovos orgânicos no país). Ali, 50 hectares são ocupados por agroflorestas, com destaque para o cultivo de limão Tahiti, consorciado com diversos tipos de madeira (ingá, eucalipto, cedro, mogno e ipê), além de mandioca, inhame, banana e outras espécies. O plano é crescer, ampliando a área dedicada à agrofloresta.

Um oásis no Semiárido

Mas é sobretudo nas pequenas propriedades voltadas para a agricultura familiar que a agrofloresta cumpre sua maior vocação: oferecer alimentação farta e de qualidade e produzir excedente a fim de garantir renda e soberania para quem trabalha na terra e suas comunidades.

O casal Vilmar e Silvanete Lermen, por exemplo, decidiu implantar sistemas agroflorestais em Exu, município na Chapada do Araripe, no semiárido pernambucano, divisa com o Ceará, conhecida por ser a cidade natal de Luiz Gonzaga. Após mais de uma década pelejando para fazer a vida brotar com abundância na Serra do Araripe, os dois encontraram na agrofloresta a aliada que buscavam para transformar uma região quente e seca, de solo arenoso e bastante ácido, sem nenhum rio, nascente ou poço artesiano por perto, totalmente dependente da água capturada das chuvas esparsas, num oásis agroecológico e diverso, no qual também trabalham seus quatro filhos.

Vilmar conta que a propriedade de 10,3 hectares não tinha água nem energia elétrica quando a família a adquiriu, em 2006. Tampouco os sítios ao redor. O engajamento do casal foi fundamental para que as primeiras políticas públicas aportassem por ali, como o programa Um Milhão de Cisternas, capitaneado pela rede Articulação Semiárido Brasileiro (ASA), Luz Para Todos e Programa Nacional da Agricultura Familiar (Pronaf), ambos do Governo Federal. Aos poucos, foram plan-

tando agrofloresta e fazendo intercâmbio de técnicas e sementes, ainda de forma intuitiva e rudimentar. Os resultados custavam a aparecer.

Entre 2012 e 2017, Vilmar e Silvanete enfrentaram seis anos consecutivos de estiagem e decidiram reorganizar a agrofloresta. "Ou a gente muda, ou a gente se muda", disseram para si mesmos.

Após uma temporada rica em cursos com especialistas em agrofloresta, como Namastê Messerschmidt, Juan Pereira, Antônio Gomides, Ernst Göstch, Gudrun Göstch, Fabiana Peneireiro e Henrique Sousa, além de oficinas do Sebrae, os dois não apenas viram os frutos vingarem – neste caso, literalmente! –, como conseguiram contribuir na organização da Associação dos/as Agricultores/as Familiares da Serra dos Paus Dóias, a Agrodóia, que chegou a 2022 com 26 famílias associadas. Mais recentemente, a associação investiu na construção de um espaço de convivência e de uma agroindústria, equipada para beneficiar os produtos colhidos na comunidade. Um desses produtos, o sequilho, elaborado a partir do amido da mandioca cultivada pelas famílias que compõem a associação, foi absorvido em 2022 pelo Programa Nacional de Alimentação Escolar (Pnae) e vem sendo adquirido pela Prefeitura de Exu para compor a merenda em escolas locais.

A Agrodóia também tem atuado no sentido de disseminar conhecimento, atuação que rendeu à entidade alguns prêmios ligados à produção de alimento saudável, biodiversidade e desenvolvimento socioambiental. Já a família Lermen venceu o Prêmio Pronaf da Agricultura Familiar do Banco do Nordeste, em 2013, na categoria sustentabilidade. Quase todos os meses, sua agrofloresta recebe a visita de agricultores, pesquisadores e estudantes de outras cidades e estados, interessados em conferir de perto o "milagre" que possibilitou tanta abundância numa região tão inóspita. Os cursos ministrados pelo casal ensinam a fazer agrofloresta no Semiárido e dão direito a certificado.

FAMÍLIA LERMEN, SERRA DOS PAUS DÓIAS, EXU (PE)

MARIA SILVANETE LERMEN tem uma "mão boa" para as plantas que você precisa ver. Principalmente para as ervas medicinais e espécies que podem ser utilizadas nas formas de óleo, extrato ou cosmético. Para ela, o melhor da agrofloresta é a capacidade de ser uma "farmácia viva", possibilitar o cultivo e a colheita do alimento, mas também do chá, da tintura e do remédio. Silvanete nasceu em Exu (PE), numa família de lavradores envolvida com atividades sindicais e Comunidades Eclesiais de Base nos anos 1970. Foi por meio dos movimentos sociais que ela chegou à coordenação estadual de saúde do MST e conheceu Vilmar. Em 2006, os dois embarcaram na aventura de plantar floresta no Semiárido, numa área seca e com solo degradado. Criaram quatro filhos na agricultura ecológica. Os mais velhos fazem graduação em Processos Químicos e curso técnico em Agricultura de Baixa Emissão de Carbono – e não pensam em abrir mão do trabalho na roça, unindo estudo e trabalho.

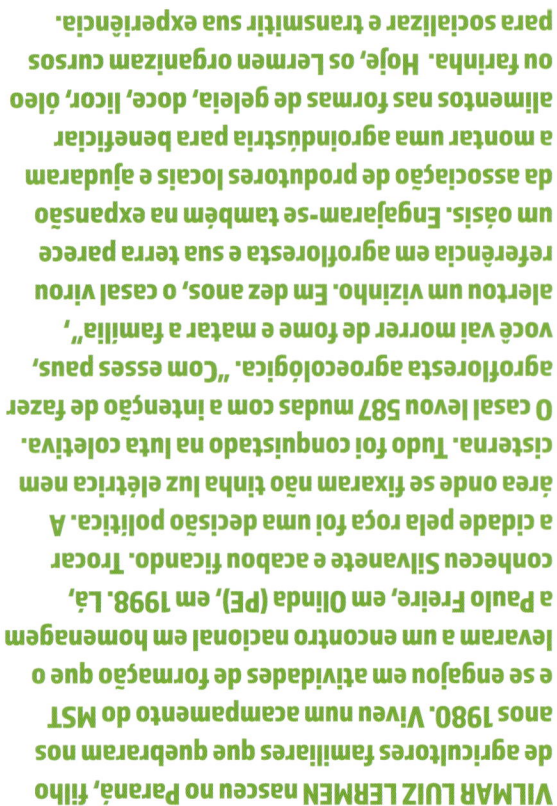

VILMAR LUIZ LERMEN nasceu no Paraná, filho de agricultores familiares que quebraram nos anos 1980. Viveu num acampamento do MST e se engajou em atividades de formação que o levaram a um encontro nacional em homenagem a Paulo Freire, em Olinda (PE), em 1998. Lá, conheceu Silvanete e acabou ficando. Trocar a cidade pela roça foi uma decisão política. A área onde se fixaram não tinha luz elétrica nem cisterna. Tudo foi conquistado na luta coletiva. O casal levou 587 mudas com a intenção de fazer agrofloresta agroecológica. "Com esses paus, você vai morrer de fome e matar a família", alertou um vizinho. Em dez anos, o casal virou referência em agrofloresta e sua terra parece um oásis. Engajaram-se também na expansão da associação de produtores locais e ajudaram a montar uma agroindústria para beneficiar alimentos nas formas de geleia, doce, licor, óleo ou farinha. Hoje, os Lermen organizam cursos para socializar e transmitir sua experiência.

FOTOS: ACERVO AGRODÓIA

Da Bahia ao Ceará

Uma das primeiras referências para a família Lermen e para muitos agricultores que hoje praticam agrofloresta foi o suíço Ernst Götsch, agricultor e cientista que deixou para trás uma carreira em melhoramento genético na Europa e se mudou para o sul da Bahia, em 1982. Instalado numa antiga fazenda na Costa do Cacau, Ernst deu início às primeiras experiências modernas de produção agroflorestal no país, com consorciamento de espécies biodiversas, reproduzindo técnicas que ele mesmo havia testado na Suíça, na Alemanha, na Namíbia e na Costa Rica.

Quando decidiu trocar o Velho Continente pela América do Sul com sua família e optou pela vida na roça, o pesquisador estava convencido de que criar condições para o pleno desenvolvimento das plantas seria mais eficiente (e saudável) do que recorrer a um laboratório de genética para torná-las mais resistentes às condições cada vez mais degradantes que o agronegócio impunha às espécies. Em outras palavras, Ernst apostou no consorciamento de espécies para regenerar o solo e garantir os nutrientes que a agricultura convencional se habituou a buscar na indústria química – sobretudo nitrogênio, fósforo e potássio – e entendeu que as práticas agroecológicas tornariam as plantas mais resistentes e robustas do que envolvê-las em pesticidas.

Ao chegar ao sul da Bahia, Ernst comprou a Fazenda Fugidos da Terra Seca, uma propriedade que havia sido intensamente desmatada para a exploração de madeira, a criação de porcos e a abertura de pasto, até ser abandonada pelo antigo dono. A prática agrícola convencional e predatória ao longo de décadas havia contribuído para o esgotado do solo e o assoreamento de mais de uma dezena de riachos. Ernst combinou práticas ancestrais de cultivo com técnicas emprestadas da agricultura ecológica, difundida na Europa desde os anos 1970 por pioneiros como Hans Peter Rusch e Hans Müller, que propunham preservar a

fertilidade do solo e promover a saúde geral das plantas por meio da adubação orgânica, da diversificação de espécies e da rotação de culturas. Ele também observou que, nas fazendas da região, o cacau era produzido nas sombras das árvores.

O mérito de Ernst foi sistematizar esses princípios e adaptá-los ao clima da região cacaueira da Mata Atlântica baiana. Como nada daquilo era usual entre os agrônomos brasileiros, desconfiados da eficiência e da viabilidade econômica da agricultura biodiversa proposta por um imigrante suíço, Ernst batizou seu método de "agricultura sintrópica", aquela que contribui para o equilíbrio do sistema, e se tornou um precursor da agrofloresta contemporânea, há quase quarenta anos.

Não demorou para que a Fazenda Fugidos da Terra Seca crescesse e se transformasse na Fazenda Olhos d'Água, agora uma região vistosa, com cerca de 500 hectares, onde o solo foi recuperado e rios ressurgiram. Ernst diz que catorze nascentes brotaram na terra por obra da agrofloresta, uma vez que as raízes das árvores mais altas cavaram fundo o chão degradado até encontrar lençóis freáticos. O suíço passou a conciliar a atividade agrícola com oficinas, cursos e consultorias no Brasil e em outros países. Desde então, uma floresta de verdade, consolidada, tomou conta da fazenda. Em 2022, seu aspecto era muito mais o de uma reserva florestal. A área cultivada foi naturalmente reduzida para 5 hectares – ou 1% da propriedade –, com foco no cacau, um dos melhores do mundo, produzido em sistema agroflorestal. A trajetória de Ernst e sua agricultura sintrópica foram temas de muitas reportagens, publicadas no Brasil desde os anos 1990, e de documentários em vídeo (alguns deles sugeridos no capítulo "Para saber mais", a partir da página 89).

Foi também numa região degradada, com solo arenoso e ventos incansáveis, no litoral do Ceará, que o pessoal da Coringa Agrofloresta

61

Vista aérea da Fazenda Coringa. Entre 2017 e 2022, uma área degradada em Trairi, no Ceará, se transformou numa rica floresta dedicada à produção de alimento agroecológico

FOTO: CÉLIO ALVES RIBEIRO

deu início a um obstinado projeto de produção de alimentos agroecológicos e de transformação social, em meados dos anos 2010.

Começou de forma experimental, em 38 hectares de uma terra quase tão seca e pobre quanto a areia da praia, maltratada ao longo de décadas pela agricultura convencional: em sistema de monocultura e com o uso de pesticidas e fertilizantes químicos. Recém-chegada a Trairi, no Ceará, Simone de Camargo se juntou aos agricultores Luciana de Freitas Souza e Luciano de Sousa Vasconcelos, e, imbuídos do objetivo de plantar comida saudável e preservar o planeta, testaram diferentes sistemas de cultivo agroecológico até optarem pela agrofloresta. "Foi uma bênção", diz Luciano. Em pouco mais de um ano, o solo voltou a ter vida, e em nada lembrava o cenário inóspito de antes.

Parte da história da fazenda está narrada no documentário *This Was Dunes* (Eram Dunas), um curta-metragem de 2022 dirigido pelo cineasta norte-americano Chance Foreman. Simone, que também é coautora deste livro, contou a origem da fazenda em entrevista para o filme. "Quando cheguei, não havia nenhum pedaço da Coringa com solo de verdade, que tivesse cheiro de solo, cara de solo", disse. "Era tanta areia branca que a fazenda foi apelidada de 'praia da Coringa.'"

Plantando dignidade

O desafio de regenerar o solo sem usar fertilizantes químicos, aliado ao compromisso de substituir a caatinga por uma lavoura regenerativa e biodiversa a fim de produzir comida saudável, foi o ponto de partida para que Simone descobrisse os sistemas agroflorestais agroecológicos. Luciana e Luciano, que já haviam trabalhado naquelas terras, ouviram com desconfiança as sugestões de Simone, adversária dos pesticidas e disposta a plantar árvores como o mogno, que levam muitos anos para crescer, intercalando as mudas com verduras, frutas e tempe-

ros. No início, os dois não acreditaram que daria certo. Plantar árvores para ter retorno mais de uma década depois? Cultivar sem agrotóxicos, misturando uma espécie com a outra? Passados três anos, a lista de alimentos que compunham as cestas de produtos entregues nas casas de Traíri ultrapassava vinte itens. A abundância havia chegado.

Pouco a pouco, Simone foi conhecendo melhor a realidade na região. Viu a fome de frente, tomou contato com famílias que não sobreviveriam sem a doação de cestas básicas, inquietou-se ao descobrir agricultores que conviviam com a desnutrição e que iam para a cama de barriga vazia apesar de passar o dia todo manejando alimentos nas fazendas em que trabalhavam. Tudo isso ali, à sua volta, na cidade que havia escolhido para cultivar comida saudável. Na própria equipe da Coringa, não faltavam histórias de fome, abandono, coragem, resiliência e superação.

São muitos os agricultores no Brasil que convivem com a desnutrição e a insegurança alimentar, mesmo produzindo toneladas de alimento. No agronegócio e em arrendamentos de terra espalhados pelo país, é comum os lavradores serem autônomos e trabalharem por empreitada, com diárias que, no Ceará, raramente ultrapassam R$ 20. Quem tem família faz o quê? Angu, pirão, café com farinha, um punhado de milho ou feijão quando o dinheiro dá. Ou macarrão instantâneo, coloridos pacotes de alimento ultraprocessado que custam menos que comida de verdade e não auxiliam em nada na nutrição de quem os come.

Em meados de 2022, eram nove os agricultores empregados na Coringa. A maioria afirma ter começado a comer verduras nos últimos anos, ao se somarem à equipe: uma mudança brutal nos hábitos alimentares que levou a uma melhora inequívoca na qualidade de vida. Os produtos colhidos vão para a mesa e também para a venda, nas cestas entregues na cidade, com hortaliças, tubérculos, frutas e legumes.

65

FOTOS: CÉLIO ALVES RIBEIRO

Antes e depois numa das
SAFAs da Coringa. Após um
ano, a produção começava
a dar retorno financeiro e já
havia pintado de verde a região

Se organizar direitinho, todo mundo colhe. E colhe o ano todo. Cada espécie tem seu tempo de maturação. O rabanete pode ser colhido de 25 a 30 dias após o plantio, assim como a rúcula. A alface, de 35 a 45. A cenoura, aos três meses. O tomate e a berinjela, aos quatro. E assim por diante, até a macaxeira, também chamada de aipim ou mandioca, que poderá ser colhida com um ano ou um ano e meio. "Tem comida o ano todo, ninguém fica com fome ou sem ter o que vender", diz Luciano. "O importante é respeitar o tempo de cada planta." Depois da macaxeira, vêm as frutas, as que nascem em arbustos e as que dão em árvore. Os coqueiros, por exemplo, começam a dar coco seco depois de sete anos. Aos dez, podem ser podadas as primeiras árvores de madeira. O mogno, aos 15 anos. O ipê, aos 25.

Aos poucos, o agricultor agroflorestal passa a beneficiar os alimentos de modo a conferir a eles maior tempo de validade – ou de prateleira. Parte da macaxeira vira farinha, frutas são transformadas em doce, polpa ou geleia. Na Coringa, os sócios investiram numa mesa de secagem e desidratação e numa prensa para óleo. Nelas, a cúrcuma é processada para ser vendida em pó e se fazem também a farinha de coco, o óleo de coco e o leite de coco. A Coringa também tem uma linha de sabonetes artesanais, todos eles produzidos sob os mesmos princípios, sem veneno, sem química, sem aromas ou corantes artificiais.

Nas agroflorestas, planta-se para os humanos e também para os animais. Pássaros e abelhas são parceiras de primeira hora no manejo das agroflorestas, participando não apenas da polinização, ao transportar o pólen de uma planta para a outra, mas também contribuindo na semeadura, sobretudo os pássaros, que quebram com os bicos certos frutos maios duros, liberando as sementes para o cultivo, ou regurgitam certas sementes, ampliando seu potencial de germinar. Plantar determinados cereais para alimentar os pássaros, como o gergelim, e

FAZENDA CORINGA AGROFLORESTA, TRAIRI (CE)

FOTOS: YLDER SILVA

LUCIANA DE FREITAS SOUZA, 37, é sócia-gerente da Coringa. Participa de todas as etapas da produção, do preparo da terra à comercialização das cestas. Pela primeira vez na vida, diz se sentir independente. Tinha 9 anos quando os pais saíram de casa, separados, e a deixaram sozinha com os três irmãos mais novos, um deles com 1 ano. A menina virou adulta da noite para o dia. E deixou de ir à escola para que os irmãos pudessem estudar. No começo, os avós paternos ajudavam com a comida. Depois de um tempo, Luciana precisou se virar. Roubava manga na vizinha (que a recebia com tiros de chumbinho) e caçava rolinha com estilingue. Nas festas de São João, ficou craque no pau-de-sebo, desafio que premiava quem conseguisse escalar um tronco engordurado. Lá no alto, colhia a nota de R$ 50 pendurada pelos organizadores, valor suficiente para comprar arroz ou miojo para o mês inteiro. Na maior parte dos dias, a fome espreitava. "Isso nunca mais vai voltar acontecer", ela diz.

LUCIANO DE SOUSA VASCONCELOS, 36, estranhou quando ouviu falar em agrofloresta pela primeira vez. "Isso não vai dar certo", concluiu. Agricultor desde os 7 anos, estava habituado a limpar o terreno e aplicar veneno na lavoura. Por anos, essa era uma de suas funções. Acordava às 3h e borrifava herbicida até as 9h. Quando começou a transição agroflorestal na Coringa, achou o sistema bagunçado demais. "Plantava uma espécie junto com a outra, o chão coberto com caule de bananeira e de busca (casca) de côco, e os vizinhos diziam que a gente era doido", conta. Luciano precisou ver alguns vídeos e participar de cursos de agrofloresta para acreditar. Hoje, está convencido de que doido é quem ainda usa agrotóxico e quem deixa de cultivar comida para produzir soja para exportar. "Já passei muito aperto, sobrevivendo à base dos preás que meu pai caçava e de caldo feito com ossos que davam pra gente. Nada pior que passar o dia na roça e não ter o que comer."

ANA RAQUEL BARBOZA DOS SANTOS, 34, é quem pilota o fogão na Coringa. Logo cedo, passa o café, escolhe as frutas e prepara tapiocas para a equipe. Em seguida, colhe a taioba, o almeirão e os legumes, tudo fresco. Prepara ainda um baião de dois, uma farofa de ovos... Agricultora e cozinheira, Raquel sente orgulho ao ver a mesa farta e saber que, em casa, os cinco filhos têm o que comer. O nome disso é segurança, algo inédito em sua vida. Raquel tinha 4 anos quando seu pai se mandou. A madrinha se ofereceu para levar Raquel para a capital e prometeu à mãe dela que daria conforto e educação à afilhada. Aos 5 anos, a menina virou doméstica em sua casa. Sem remuneração. Na volta da escola, encarava a pia cheia e três cestos de roupa para lavar e engomar. Aprendeu a cozinhar na marra antes dos 7. Aos 11, voltou ao Trairi e trocou a chibata pela fome. "Se um dia almoçava, no outro não sabia se ia comer." Um tempo que ficou para trás sem deixar saudade.

VALDIR GOMES DE VASCONCELOS, 66, começou a trabalhar na roça aos 7 anos. Nunca foi à escola. Já adulto, aprendeu a dirigir trator e passou três décadas mexendo com milho, mandioca, feijão, caju e, principalmente, côco, sempre como tratorista. Sem carteira assinada, férias ou décimo-terceiro.
Aos 63 anos, foi contratado pela Coringa, uma fazenda diferente de tudo que ele conhecia, localizada em frente à terra em que havia trabalhado por vinte anos. "Mudou o sistema", ele diz. "Antes era com fogo, adubo, veneno." Seu Valdir conta que a vida melhorou demais. Hoje, não falta comida. E comida saudável. "Quando eu era menino, meu pai saía para trabalhar pros outros e voltava às sete da noite com um saquinho de feijão. Botava na panela e a gente ia comer lá pelas nove, a primeira refeição do dia." Carne, só quando o garoto chamava o cachorro e ia pro mato montar armadilha e caçar teiú, peba ou preá. "Atirar, nunca atirei."

FOTO: CÉLIO ALVES RIBEIRO

Um rio brotou na Coringa à medida que as raízes das árvores introduzidas no sistema atingiram lençóis freáticos.

"Plantamos água", diz Simone, confirmando um dos ensinamentos compartilhados pelos mestres da agrofloresta

FOTO: CÉLIO ALVES RIBEIRO

FOTO: ACERVO FAZENDA CORINGA

Alunos da Escola Padre
Rodolfo visitam a Coringa e
aprendem com o educador
Namastê Messerschimidt.
Abaixo, com Luciano e Luciana

certas espécies de flor para atrair as abelhas, portanto, é parte da organização desses sistemas. A produção de mel surge como um saboroso, nutritivo e rentável efeito colateral de todo o processo.

Há, ainda, espécies que são cultivadas exclusiva ou prioritariamente para oferecer matéria orgânica para a cobertura do solo, substituindo com vantagens a irrigação tradicional, sobretudo no Semiárido e em sistemas carentes de infraestrutura. O solo coberto ajuda a manter a terra úmida, o que não acontece sob o sol de rachar. E as etapas subsequentes de decomposição estimulam a presença de minhocas e a formação da terra preta, ideal para a agricultura. Nos sistemas agroflorestais, essas espécies que não estão ali para alimentação humana ou comercialização, mas como auxiliares na produção, são chamadas de plantas de serviço.

"Certas categorias e certas práticas agroflorestais ainda são muito pouco conhecidas no ambiente acadêmico e na agronomia convencional, entre elas as plantas de serviço", diz Helder Antunes Mendes dos Santos, jovem agrônomo natural de Cabo Verde que fez residência agrária na Coringa. "As bananeiras, por exemplo, estão inseridas nos sistemas mesmo quando a produção de banana não é um objetivo. Sua principal função é na cobertura do solo". Entre 2021 e 2022, três estudantes moraram um semestre cada um na Coringa, como parte do curso de Especialização em Sistemas Agrícolas Sustentáveis do Semiárido, um programa de pós-graduação vinculado ao Instituto de Desenvolvimento Rural da Universidade da Integração Internacional da Lusofonia Afro-Brasileira (Unilab), com sede em Redenção (CE). Helder pesquisa o manejo e os usos de plantas medicinais e aromáticas no sistema agroflorestal. Outra residente, Júlia Amanda de Melo Raulino, vinculada ao mesmo programa, esteve na Coringa para comparar a produtividade nesses sistemas com a verificada em canteiros de hortaliças e plantas

73

medicinais e aromáticas produzidas de forma convencional: uma produção bem maior na Coringa, segundo ela, considerando o volume de alimento produzido por metro quadrado e a biodiversidade.

O interesse crescente tanto do mercado quanto das universidades em práticas não convencionais de agricultura, como as agroflorestas agroecológicas, deve ser visto como um sinal positivo para o futuro da alimentação no Brasil.

Pedagogia e resiliência

Não são apenas os estudantes universitários que têm se beneficiado do conhecimento e da convivência com a equipe da Coringa. Estudantes do Ensino Médio costumam visitar a fazenda com frequência. Célio Alves Ribeiro, diretor da escola rural Padre Rodolfo Ferreira da Cunha, encontrou ali uma ferramenta para despertar o interesse dos adolescentes pela agricultura e estimular neles a preocupação ambiental. Ali, alunas e alunos da Padre Rodolfo podem plantar e conhecer os segredos da agrofloresta. Numa das excursões, tiveram a oportunidade de aprender com Namastê Messerschimidt, um educador agroflorestal reconhecido internacionalmente, parceiro e consultor da Coringa em diversos projetos agroflorestais.

O diretor, que também é biólogo e fotógrafo, conhece a fome de perto. Na escola Padre Rodolfo, estudam 560 adolescentes, oriundos de sessenta diferentes comunidades rurais. São filhos de caçadores, pescadores, agricultores e famílias que dependem do extrativismo vegetal e dos caranguejos que buscam no mangue. "Alguns acordam às 5h e viajam 50 quilômetros no transporte escolar para assistir à primeira aula", diz Célio. "Outros chegam a pé, após percorrer longas distâncias. Às 8h, a gente já serve a merenda, porque a maioria não tem nada para comer em casa antes de sair. Antigamente, o intervalo era às 9h30, mas

muito antes disso já tinha aluno pedindo comida para as merendeiras, discretamente, dizendo estar com fome. Havia quem desmaiasse, quem passasse mal."

Em Trairi, a fome é velha conhecida. Quando não governa a fome de quantidade, o que campeia é a fome de qualidade. A merenda é reflexo dessa realidade. Há um cardápio fixado numa das paredes da escola. Achocolatado com biscoito num dia, canja em outro, café com leite e bolo num terceiro, salada de frutas uma vez por semana. Célio explica que o orçamento federal para a merenda é de 36 centavos por aluno por dia. O que se compra com 36 centavos?

Sem uma política nacional consistente de alimentação escolar, que seja capaz de priorizar alimentos saudáveis e nutritivos, os gestores da educação acabam recorrendo a alimentos ultraprocessados. A legislação determina que pelo menos 30% do orçamento empenhado na aquisição da merenda deve ser destinado à agricultura familiar. Mas, em todo o país, a fiscalização é falha e os contratos são frágeis, beneficiando cooperativas que nem sempre cumprem a lei. O resultado, em 2022, é a volta do suco em caixinha e dos biscoitos industrializados às mesas dos alunos em muitas cidades, ao mesmo tempo em que frutas e folhas são cada vez menos comuns nas merendas, bem como os alimentos tradicionais conforme o local e a região.

Esse valor per capita da merenda, de R$ 0,36 por aluno, estava desatualizado havia cinco anos quando visitamos a escola e conversamos com Célio, em fevereiro de 2022. O aguardado reajuste foi finalmente aprovado no Congresso Nacional poucos meses depois e, segundo o projeto, poderia ser corrigido em até 40%, fazendo o valor do repasse por estudante saltar para prováveis R$ 0,50, ainda muito baixo. Às vésperas do fechamento desta edição, no entanto, o Governo Federal vetou o reajuste. Numa canetada, em agosto de 2022, o presidente Bolsonaro

FOTOS: CÉLIO ALVES RIBEIRO E YLDER SILVA

São mais de vinte variedades de verduras, frutas e legumes disponibilizadas todos os dias pela equipe da Coringa nas cestas de produtos agroflorestais entregues em domicílio na cidade de Trairi. Além dos alimentos in natura, a fazenda processa produtos como a cúrcuma em pó, o óleo e o leite de coco, e começa a introduzir no mercado uma linha de sabonetes artesanais

FOTOS: ACERVO FAZENDA CORINGA

Idealizadora da Coringa, Simone deixou a equipe com o pé atrás quando sugeriu plantar madeira. A primeira poda pode demorar 15 anos, mas o retorno financeiro é superior ao das outras espécies. Abaixo, abundância de água na represa

condenou crianças e adolescentes das escolas públicas de todo o Brasil a continuar subalimentadas. E os diretores, a seguir improvisando.

Ao menos uma vez por semestre, Célio coloca uma turma de alunos da Padre Rodolfo num ônibus e leva todos à Coringa. Na visita guiada, os adolescentes têm a oportunidade de mexer na terra, manusear sementes, conversar com a equipe da fazenda, colher produtos e consumir alimentos de qualidade. Alguns saem de lá surpresos positivamente com o sabor de frutas e verduras que nunca haviam provado. Outros, entusiasmados com a aventura da agrofloresta e a possibilidade de, em suas casas, virem a comer aquilo que eles mesmos colheram.

Para a equipe da Coringa, nenhuma atividade é tão recompensadora quanto contribuir para enfrentar a fome e promover a segurança alimentar da população local, sobretudo no longo prazo. Numa região onde predomina a agricultura de subsistência, com pouco excedente, e onde parte da população sobrevive graças à roça de maxixe, feijão e abóbora que mantém no quintal de casa, é angustiante observar que as gerações mais novas perderam a conexão com a agricultura, considerada algo que não dá futuro, e tenham preferido recorrer ao subemprego sazonal nas barracas de praia ou ao tráfico que avança sobre o litoral.

Neste sentido, cada oportunidade de estimular a agricultura regenerativa e ensinar os caminhos da agrofloresta ecoa como tambores anunciando um novo tempo, de fartura e celebração. Eis a revolução agroflorestal. 🌱

FOTO: WELLINGTON LENON

O Sol se põe na Fazenda
Coringa, no Ceará. Luciano
recolhe suas ferramentas

"

Eu quero paz e arroz
O amor é bom e vem depois

"

Jorge Ben Jor, 1972

Por onde começar?

Comer é um ato político. Você provavelmente já leu ou ouviu esta frase antes. Cada garfada que levamos à boca, cada fruta saboreada, cada escolha que fazemos nas barracas das feiras ou nas gôndolas dos mercados é resultado de um longo processo produtivo que começou muito antes da compra do alimento ou do preparo daquela refeição. Cada gesto contém, em si, todo um universo de implicações e efeitos, causas e consequências, motivos e possibilidades.

Ao me alimentar, que sistema de agricultura estou estimulando? O dinheiro que gastamos em alimentação ajuda a enriquecer grandes empresas, que exploram seus empregados até o limite da exaustão, ou contribui para colocar comida na mesa de famílias de lavradores verdadeiramente empenhadas na preservação ambiental, na regeneração do solo, na proteção dos mananciais? Estou ingerindo veneno e, ao aceitar esse modelo de agricultura, autorizando empresas e produtores a despejar quantidades cada vez maiores de veneno nas lavouras?

Nossos hábitos alimentares podem e devem refletir o que somos, indicar caminhos para transformar a agricultura naquilo em que acreditamos, construir o futuro que queremos. Isso é um ato político.

Neste livro, assumimos dois desafios essencialmente políticos. Um deles foi apresentar uma radiografia da fome no Brasil, um cenário tão catastrófico quanto anacrônico, que deveria ter sido superado há muitos anos. Buscamos apontar as razões políticas da fome, um crime contra a vida e contra a humanidade que decidimos chamar de "a maior das violências". Tão terríveis e inaceitáveis quanto a fome têm sido a banalização da miséria, a perpetuação de níveis inaceitáveis de desigualdade econômica, o sucateamento de programas e mecanismos garantidores da segurança alimentar, a criminalização de organizações da sociedade civil e movimentos populares dedicados a enfrentá-la.

Se existe fome no Brasil, isso só acontece porque parte significativa daqueles que vivem com a geladeira cheia não se incomodam com a fome dos outros. Ou, quando muito, convenceram-se de que a fome é um problema a ser equacionado com a doação individual e esporádica de marmitas ou cestas básicas. A fome também existe porque há os que lucram com ela, beneficiados pela depreciação dos preços e dos salários advinda do desemprego, da redução nos orçamentos domésticos e da falta de perspectivas, e pela opção oficial de transformar o país num celeiro de grãos para exportação, em detrimento da produção de comida.

O segundo desafio que assumimos com o livro foi o de alertar que, se o problema da fome está intimamente conectado a um sistema produtivo que é cúmplice do desastre ambiental, do aquecimento global, da destruição das florestas e, principalmente, do adoecimento da população, então temos a obrigação social e moral de ajudar a revetê-la. Nesse sentido, nosso cardápio não é somente um cardápio, nossas escolhas não são apenas escolhas nossas: são parte da transformação.

O que você comeu hoje? Qual será sua próxima refeição? De onde veio esse alimento e o que ele contém? Quem o produziu? Como vive a agricultora ou o agricultor que plantou a matéria prima? Quanto re-

cebeu? Quais são as condições contratuais impostas pelo supermercado onde esse produto foi adquirido? Quantos quilômetros esse alimento percorreu até chegar até você? Quanto esse traslado gerou em emissões de carbono e quanto consumiu de energia fóssil, não renovável? Na lavoura onde esse produto foi cultivado tem alguém com os olhos ardendo e a pele irritada após entrar em contato com pesticidas químicos? Há alguém com náusea ou enjoo, alguém em convulsão, alguma menina com a fertilidade comprometida em razão do veneno? Alguma aldeia indígena foi alvo de guerra química?

Acreditamos que seja possível enfrentar a fome sem destruir o planeta nem adoecer as pessoas. Um outro mundo (ainda) é possível e nós estamos convencidos disso. Ao mesmo tempo, entendemos que esse enfrentamento é urgente, e que ele não depende exclusivamente dos governos, das agências reguladoras, das empresas ou dos produtores rurais. O sucesso desse enfrentamento passa, também, pelas escolhas que fazemos, pelas decisões que tomamos, como consumidores e como cidadãos. Somos atravessados por elas, o tempo todo.

Estamos relativizando a responsabilidade dos governantes e passando pano para as empresas que são cúmplices desse colapso? De jeito nenhum. Tirar mais uma vez o Brasil do mapa da fome, sem destruir o planeta nem adoecer as pessoas, é tarefa complexa, que vai exigir enorme vontade política dos próximos governantes.

Poderíamos esboçar algumas iniciativas preliminares. Os programas de fortalecimento à agricultura familiar precisam ser retomados. A merenda escolar deverá priorizar alimentos agroecológicos, produzidos localmente, e incluir produtos frescos em proporções maiores do que as estabelecidas vinte anos atrás. As compras governamentais, para escolas, hospitais, quarteis, órgãos da administração pública e demais equipamentos oficiais, deverão adotar como condicionante a ausência

de agrotóxicos: uma espécie de carimbo de veneno *"free"*, para que nenhuma criança, nenhum idoso, nenhum paciente, nenhum servidor público ou cidadão seja obrigado a ingerir comida com pesticidas. Se queremos estimular a produção e o consumo de alimentos saudáveis, é preciso dar o primeiro passo. Certificações orgânicas, agroecológicas e similares, aliás, deverão ser feitas com isenção de tarifas e subvenção do Estado. A fiscalização, por sua vez, deve ser periódica e confiável. Mecanismos devem ser criados para garantir que os alimentos peguem menos estrada, sobretudo aqueles com pouco tempo de prateleira, como as hortaliças: o que deve ser aquecida é a economia local, não o planeta. A lista é grande, e nenhuma administração poderá se abster desse compromisso.

Ainda assim, nada disso surtirá o efeito transformador imposto pela tragédia da fome sem que nós, indivíduos, estejamos de mãos dadas nessa trincheira. Como consumidores, como vigilantes e também nas pequenas transformações que podemos fazer em nossas casas, em nossas ruas, em nossas vidas.

Que tal plantar, por exemplo? Um vaso de manjericão e outro de cebolinha? Um pequeno canteiro com pimentas e tomates? Os sistemas agroflorestais agroecológicos têm se mostrado tão versáteis e eficientes que famílias urbanas começam a consumir alimento saudável cultivado no quintal de casa ou na varanda do apartamento. Os primeiros consorciamentos podem começar em vasos. É claro que ninguém vai tirar sua subsistência de um terraço com churrasqueira no décimo quarto andar de uma torre residencial em São Paulo, mas alguns ingredientes poderão ser colhidos ali, na hora de ir para a mesa ou para a panela, substituindo com qualidade e conforto uma mercadoria que, até ontem, cruzava 300 quilômetros de estrada em caminhões climatizados até chegar às suas mãos, cobertos de veneno, em um supermercado.

O efeito pedagógico é gigantesco. Uma bem-vinda reconexão com o campo e com a natureza pode começar assim, no caminho entre o quintal e a cozinha, picando a salsa ou o coentro, espalhando folhinhas de manjerição sobre o spaghetti de domingo. No próximo e último capítulo, algumas dicas para quem quiser se aprofundar nos temas discutidos neste livro e sugestões de cursos e vivências em agrofloresta e agroecologia para quem quiser arregaçar as mangas e pôr a mão na terra.

Comer é um ato político e também um ato de consciência. Enquanto escrevemos esta página, e no exato momento em que você a lê, estamos diante da mais importante transformação na forma que vivemos, uma mudança de consciência da qual dependem não apenas os 33 milhões de brasileiros com fome, mas também a saúde de todos e a preservação do planeta – essa Terra que nunca foi plana, mas que sempre será plena.

Para saber mais

O que ler

Geografia da fome*: o dilema brasileiro: pão ou aço*. Josué de Castro. Ed. Todavia, 2022. 1ª edição de 1946.

Fome Zero, textos fundamentais. Frei Betto (organização). Ed. Garamond, 2004.

Da fome à fome*: diálogos com Josué de Castro*. Tereza Campello e Ana Paula Bortoletto (organizadoras). Ed. Elefante, 2022.

O mundo não é plano*: a tragédia silenciosa de 1 bilhão de famintos*. Jamil Chade. Ed. Saraiva, 2012.

Quarto de despejo. Maria Carolina de Jesus. Ed. Ática, 2021. 1ª edição de 1960.

Ação da Cidadania: 25 anos. Nádia Rebouças. Ed. Senac Rio, 2018.

Aporofobia, a aversão ao pobre*: um desafio para a democracia*. Adela Cortina. Ed. Contracorrente e IREE, 2020.

Idéias para adiar o fim do mundo. Ailton Krenak. Ed. Companhia das Letras, 2019.

A queda do céu*: palavras de um yanomami*. Davi Kopenawa e Bruce Albert. Ed. Companhia das Letras, 2015.

A arte de guardar o Sol*: padrões da natureza na reconexão entre florestas, cultivos e gentes.* Walter Steenbock. Ed. Bambual, 2021.

Agrofloresta, ecologia e sociedade. Walter Steenbock e outros (orgs.).
Ed. Kairós, 2013.

Agroflorestando o mundo de facão a trator. Nelson Eduardo Corrêa
Neto, Namastê Maranhão Messerschmidt, Walter Steenbock e Priscila
Facina Monnerat. Cooperafloresta, 2016.

Manejo ecológico do solo*: a agricultura em regiões tropicais.* Ana Maria
Primavesi. Ed. Nobel, 2017. 1ª edição de 1979. Mais de 500 artigos, cartas,
aulas, cursos e outros textos de Ana Maria Primavesi estão disponíveis
gratuitamente no site anamariaprimavesi.com.br.

Onde pesquisar

Olhe para a Fome
olheparaafome.com.br

Instituto Fome Zero
ifz.org.br

Ação da Cidadania
acaodacidadania.org.br

Oxfam Brasil
oxfam.org.br

O Joio e o Trigo
ojoioeotrigo.com.br

Repórter Brasil
reporterbrasil.org.br

Ruralômetro
ruralometro2022.reporterbrasil.org.br

Agência Pública
apublica.org

Brasil de Fato
brasildefato.com.br

Dossiê Abrasco
abrasco.org.br/dossieagrotoxicos

Articulação Nacional de Agroecologia
agroecologia.org.br

Ao que assistir

Ilha das flores
Direção: Jorge Furtado
Casa de Cinema de Porto Alegre
Brasil, 1989, 13 min.
vimeo.com/238439307

Histórias da fome no Brasil
Direção: Camilo Tavares
Ação da Cidadania
Brasil, 2017, 52 min.
youtube.com/watch?v=k-dnlpn1erQ

Estamira
Direção: Marcos Prado.
Globoplay, Brasil, 2004, 116 min.
globoplay.globo.com/v/9063448/

Solo fértil
Direção: Josh Tickell e
Rebecca Harrell Tickell
Netflix, EUA, 2020, 84 min.
netflix.com/br/title/81321999

Vida em Sintropia
Direção: Felipe Pasini e
Dayana Andrade
Agenda Gotsch
Brasil, 2015, 15 min.
youtu.be/gSPNRu4ZPvE

Pesticidas: a hipocrisia européia
Direção: Stenka Quillet
Arte, França/Brasil, 2022, 82 min.
arte.tv/en/videos/095070-000-A

Guardiões da Terra
Direção: Antonio Bento Mancio e
Fabricio Menicucci
Vallente Filmes, Brasil, 2020, 60 min.
youtu.be/AiwhkflF_og

Agrofloresta é mais
Direção: Beto Novaes
Fiocruz, Brasil, 2018, 33 min.
youtube.com/watch?v=HN_E0kJj_eo

Abundância
Direção: Job Leijh
Timeless Room e Cooperativa Sítio
Brasil/Portugal, 2012, 26 min.
vimeo.com/48481368

Greg News
HBO Brasil
Talk show apresentado pelo humorista Gregorio Duvivier
Episódio **Comida** (2021):
youtu.be/s9MVLe-txNc
Episódio **Terra** (2022):
youtu.be/32DhSVK6byM

O que escutar

O veneno mora ao lado
Por Giovanna Nader
Rádio Flutuante, 2022.
open.spotify.com/show/
1p7ccJl68M7SpqtMip4XQl

Vai se food: o que comemos molda o mundo
Por Ailin Aleixo, desde 2020.
open.spotify.com/show/
3U8lwrE5U229LFlv30jf2X

Prato cheio
Por João Peres, Tatiana Merlino e outros jornalistas.
O Joio e o Trigo, desde 2020.
open.spotify.com/show/
44Ubq2POFmm15Ld67pIbgV

Momento agroecológico
Programa semanal da
Rádio Brasil de Fato.
brasildefato.com.br/radioagencia/
podcasts/momento-agroecologico

Alguns cursos de agrofloresta e agricultura regenerativa

Agroflorestando ao pé da planta
agroflorestando.com.br (online)
✉ agroflorestandoaterra@gmail.com
⃟ @agroflorestando.aopedaplanta
Com Namastê Messerschmidt

Fazenda Ouro Fino (Jaguaquara, BA)
fazendaourofino.com.br
(73) 99969-0031
✉ cursos@fazendaourofino.com.br
⃟ @agroflorestaourofino
Com Henrique Sousa

Sítio Semente (Sobradinho, DF)
Núcleo Rural Lago Oeste, Rua 23, s/n.
sitiosemente.com
✉ contato@sitiosemente.com
⃟ @sitio.semente
Com Juã Pereira

Alguns locais para visitar e fazer vivências agroflorestais

Coringa Agrofloresta
(Trairi, CE)
📍 Estrada do Mundo Novo, s/n
📞 (85) 9642-1721
coringaagrofloresta.com
youtube.com/c/CoringaAgrofloresta
📷 @coringa_agrofloresta

Agrodóia (Edu, PE)
📍 Serra dos Paus Dóias, s/n
📞 (87) 99937-1999
✉ agrodoia@yahoo.com.br
📷 @agrodoia.exu
Com Vilmar e Silvanete Lermen

Projeto Arte na Terra
(São Joaquim da Barra, SP)
📍 Fazenda São Luiz, Estrada
        Orlândia-Guaíra, Km 30
📞 (16) 99998-6457
artenaterra.com.br
📷 @fazenda_saoluiz

Ecovila Pau-Brasil Agroflorestal
(Nísia Floresta, RN)
📍 Estrada Colônia do Pium, 147
📞 (84) 99952-4676
magiasdaterra.com.br
✉ ecovilapaubrasil@yahoo.com.br
📷 @restaurantemagiasdaterra

TRiiBO Agrofloresta
(São Miguel do Gostoso, RN)
📍 Sítio São Pedro 12
✉ tribo.smg@gmail.com
📷 @triibosmg

Agrofloresta Umbuzeiro
(Canindé de São Francisco, SE)
📍 Perímetro Irrigado Califórnia,
        setor 3, zona rural
📞 (79) 99143-2675
📷 @agrofloresta.umbuzeiro